计算机视觉算法与智能车应用

刘宏哲 袁家政 郑永荣 著

電子工業出版社
Publishing House of Electronics Industry
北京 • BEIJING

内 容 简 介

本书介绍计算机视觉在智能车中的应用，分三个部分共 13 章。第一部分（第 1、2 章），供初学者学习，介绍计算机视觉的定义、研究内容、发展历程、在智能车中的主要应用，以及智能车视觉常用的图像预处理方法。第二部分（第 3～5 章），是智能车视觉技术的基础内容，介绍智能车视觉认知硬件平台和软件开发环境的搭建与配置，以及在实际应用中经常使用的摄像机标定方法和视觉测距技术。第三部分（第 6～13 章），介绍计算机视觉在智能车中的具体应用和问题解决，包括车道线的识别与跟踪、停止线检测与测距、斑马线、导向箭头、交通信号灯、交通标志牌等识别方法和视觉定位技术，使读者进一步了解智能车视觉的具体应用，以及解决问题的难点和思路。

本书适合从事计算机视觉、图像处理、智能车研究的人员学习，尤其适合从事无人驾驶智能车图像处理研究和开发的人员学习，也可作为相关专业研究生的教学用书。

图书在版编目（CIP）数据

计算机视觉算法与智能车应用 / 刘宏哲，袁家政，郑永荣著. —北京：电子工业出版社，2015.12
ISBN 978-7-121-27977-5

Ⅰ. ①计… Ⅱ. ①刘… ②袁… ③郑… Ⅲ. ①计算机视觉—应用—汽车—模型（体育）—制作
Ⅳ. ①G872.1-39

中国版本图书馆 CIP 数据核字（2015）第 318963 号

责任编辑：许存权
特约编辑：刘丽丽　刘　双
印　　刷：北京虎彩文化传播有限公司
装　　订：北京虎彩文化传播有限公司
出版发行：电子工业出版社
　　　　　北京市海淀区万寿路 173 信箱　邮编 100036
开　　本：720×1 000　1/16　印张：11.75　字数：263 千字
版　　次：2015 年 12 月第 1 版
印　　次：2023 年 9 月第 3 次印刷
定　　价：74.00 元

凡所购买电子工业出版社图书有缺损问题，请向购买书店调换。若书店售缺，请与本社发行部联系，联系及邮购电话：（010）88254888。

质量投诉请发邮件至 zlts@phei.com.cn，盗版侵权举报请发邮件至 dbqq@phei.com.cn。

服务热线：（010）88258888。

前　言

无人驾驶智能汽车是未来汽车的发展趋势，以谷歌为代表的无人车研究，在全世界范围内取得了一定的成果，国内也有不少学者和机构开展智能车的研究。计算机视觉是智能车技术的重要组成部分，本书主要介绍了计算机视觉在智能车中解决的问题及方法。

计算机视觉在智能车中应用广泛，理论上可以解决很多无人驾驶过程中遇到的实际问题，但由于目前计算机视觉技术水平有限，加上雷达、GPS 导航等传感器设备在智能车上应用，因此，目前实际应用中只通过计算机视觉解决其他传感器难以解决的科学和工程问题，如车道线检测、停止线检测、红绿灯识别等。随着智能车产业化进程的临近，由于智能车研发中视觉传感器所需要的设备成本较低，因此，用计算机视觉来解决智能驾驶中遇到的问题成为目前和未来的发展趋势。

本书介绍智能车视觉计算的理论和方法，目的是让读者对智能车的视觉图像研究得到快速入门，以解决智能车基本视觉问题为出发点，激发读者对智能车视觉研究的兴趣，为更加深入的研究做基础，为解决实际应用问题提供研究思路。

本书读者，可以是从事计算机视觉、机器视觉、图像处理、视觉感知、人工智能和智能车研究的学者，尤其是从事无人驾驶智能车图像处理的研究和开发人员。同时，本书也可以作为相关专业的研究生教学用书。无人驾驶智能车中的很多视觉问题既是世界性难题又是开放的科学问题，期望有更多人加入到智能车视觉研究中来。

本书共 13 章，其中第 1、2 章的内容是介绍性的，主要介绍计算机视觉的定义、研究内容、发展历程、在智能车中的主要应用，以及一些智能车视觉常用的图像预处理方法，这是为初学者准备的；第 3～5 章的内容是基础篇，主要介绍智能车视觉认知的硬件平台和软件开发环境的搭建与配置，以及在实际应用中经常使用的摄像机标定方法和视觉测距技术，适合刚刚从事智能车视觉研究的人员学习，以便快速入门；第 6～13 章的内容是具体应用，本书以智能车实际需要的重要程度及难易程度分别介绍车道线的识别与跟踪、停止线检测与测距、斑马线、导向箭头、交通信号灯、交通标志牌等识别方法及视觉定位技术，让读者进一步了解智能车视觉的具体实际应用及每个问题解决的难点和思路。

本书中的很多实验是在北京联合大学智能车“京龙 1 号”、“京龙 2 号”和“京龙 3 号”的平台上完成的，其中部分实验数据来源于 2014 年和 2015 年的中国智能车未来挑战赛、2015 年智能驾驶郑开大道试验及园博园测试场地的实际交通道路。

本书受到国家自然基金重大研究计划项目“智能车驾驶脑认知技术、平台与转化研究”(91420202)、北京市属高等学校创新团队建设与教师职业发展计划项目“智能驾驶技术研究”（IDHT20140508）、北京市教育委员会科技发展计划项目“智能车实时交通标志识别关键技术研究”（SQKM201411417004）、北京联合大学人才强校计划人才资助项目（BPHR2014A04）的资助。撰写过程中得到了李德毅院士智能车联合课题组成员的很多指导，感谢他们的宝贵意见。感谢本团队参与人员的共同努力和辛苦劳动，特别是研究生周宣汝、王棚飞、李超、宣寒宇等同学，潘卫国、王金华等老师，以及海丹博士为本书的撰写收集和整理相关资料。在本书的撰写过程中，参阅了大量文献和资料，在此向这些文献资料的作者致以衷心的感谢。感谢在此未明确提及但对本书出版贡献的朋友。

由于作者水平有限，书中的错误和不妥之处，恳请读者批评指正。

作者

2015 年 10 月

目　录

第 1 章　计算机视觉简介

1.1　计算机视觉的发展历程

计算机视觉（Computer Vision，CV）是一门研究如何使机器“看”的科学，更进一步说，就是指利用摄影机和计算机代替人眼对目标进行识别、跟踪和测量等机器视觉（Machine Vision），并进一步做图形处理，让计算机处理成为更适合人眼观察或传送给仪器检测的图像。作为一个科学学科，计算机视觉研究相关的理论和技术，试图建立能够从图像或者多维数据中获取“信息”的人工智能（Artificial Intelligence，AI）系统。因为感知可以看作是从感官信号中提取信息，所以计算机视觉也可以看作是研究如何使人工系统从图像或多维数据中“感知”的科学。

计算机视觉是使用计算机及相关设备对生物视觉的一种模拟。它的主要任务就是通过对采集的图像或视频进行处理以获得相应场景的信息，就像人类和许多其他类生物每天所做的那样。计算机视觉既是工程领域，也是科学领域中的一个富有挑战性的重要研究领域。计算机视觉是一门综合性的学科，它已经吸引了来自各个学科的研究者参加到对它的研究之中，其中，包括计算机科学和工程、信息处理、物理学、应用数学和统计学、神经生理学和认知科学等。

计算机视觉是在 20 世纪 50 年代从统计模式识别开始的，当时的工作主要集中在二维图像分析和识别上，如光学字符识别，工件表面、显微图片和航空图片的分析和解释等。20 世纪 60 年代，麻省理工学院（Massachusetts Institute of Technology，MIT）的 Roberts 通过计算机程序从数字图像中提取出诸如立方体、楔形体、棱柱体等多面体的三维结构，并对物体形状及物体的空间关系进行描述，Roberts 的研究工作开创了以理解三维场景为目的的三维计算机视觉的研究。Roberts 对积木世界的创造性研究给人们以极大的启发，许多人相信，一旦由白色积木玩具组成的三维世界可以被理解，则可以推广到理解更复杂的三维场景。

20 世纪 70 年代，已经出现了一些视觉应用系统，70 年代中期，麻省理工学院（MIT）的人工智能（AI）实验室正式开设“机器视觉”（Machine Vision）课程，由 B. K. P. Horn 教授讲授。MIT AI 实验室吸引了国际上许多知名学者参与计算机视觉的理论、算法、系统设计的研究，David Marr 教授就是其中的一位，他于 1973 年应邀在 MIT AI 实验室领导一个以博士生为主体的研究小组，1977 年提出了不同于“积木世界”分析方法的计算视觉理论，该理论在 20 世纪 80 年代成为计算机视觉研究领域中的一个十分重要的理论框架。

研究热潮是从 20 世纪 80 年代开始的，到了 80 年代中期，计算机视觉获得了蓬勃发展，新概念、新方法、新理论不断涌现，例如，基于感知特征群的物体识别理论框架、主动视觉理论框架、视觉集成理论框架等。

自 20 世纪 80 年代以来，计算机视觉的研究已经历从实验室走向实际应用的发展阶段，而计算机工业水平的飞速发展，更是促进了计算机视觉系统的实用化和涉足许多复杂视觉过程的研究。目前，计算机视觉技术正在广泛应用于计算几何、计算机图形学、图像处理、机器人学等多个领域中。

1.2 计算机视觉研究现状

计算机视觉领域的突出特点是其多样性与不完善性。这一领域的先驱可追溯到更早的时候，但是直到 20 世纪 70 年代后期，当计算机的性能提高到足以处理诸如图像这样的大规模数据时，计算机视觉才得到了正式的关注和发展。然而这些发展往往起源于其他不同领域的需要，因而何谓“计算机视觉问题”始终没有得到正式定义，很自然地，“计算机视觉问题”应当被如何解决也没有成型的公式。

尽管如此，人们已开始掌握部分解决具体计算机视觉任务的方法，可惜这些方法通常都仅适用于一群狭隘的目标（如脸孔、指纹、文字等），因而无法被广泛地应用于不同场合。

对这些方法的应用通常作为某些解决复杂问题的大规模系统的一个组成部分（例如，医学图像的处理、工业制造中的质量控制与测量）。在计算机视觉的大多数实际应用当中，计算机被预设为解决特定的任务，然而基于机器学习的方法正日渐普及，一旦机器学习的研究进一步发展，未来“泛用型”的电脑视觉应用或许可以成真。

人工智能所研究的一个主要问题是如何让系统具备“计划”和“决策能力”？从而使之完成特定的技术动作（例如，移动机器人通过某种特定环境）。这一问题便与计算机视觉问题息息相关。在这里，计算机视觉系统作为一个感知器，为决策提供信息。另外，一些研究方向包括模式识别和机器学习（这也隶属于人工智能领域，但与计算机视觉有着重要联系），也由此，计算机视觉时常被看作人工智能与计算机科学的一个分支。

物理是与计算机视觉有着重要联系的另一领域。计算机视觉关注的目标在于充分理解电磁波——主要是可见光与红外线部分——遇到物体表面被反射所形成的图像，而这一过程便是基于光学物理和固态物理，一些尖端的图像感知系统甚至会应用到量子力学理论，来解析影像所表示的真实世界。同时，物理学中的很多测量难题也可以通过计算机视觉得到解决，如流体运动。因此，计算机视觉同样可以被看作是物理学的拓展。

另一个具有重要意义的领域是神经生物学，尤其是其中生物视觉系统的部分。在整个 20 世纪中，人类对各种动物的眼睛、神经元，以及与视觉刺激相关的脑部组织都进行了广泛研究，这些研究得出了一些有关“天然的”视觉系统如何运作的描述，这也形成了计算机视觉中的一个子领域——人们试图建立人工系统，使之在不同的复杂程度上模拟生物的视觉运作。同时在计算机视觉领域中，一些基于机器学习的方法也有参考部分生物机制。

计算机视觉的另一个相关领域是信号处理。很多有关单元变量信号的处理方法，尤其是对时变信号的处理，都可以很自然的被扩展为计算机视觉中对二元变量信号或者多元变量信号的处理方法。但由于图像数据的特有属性，很多计算机视觉中发展起来的方法，在单元信号的处理方法中却找不到对应版本。这类方法的一个主要特征，便是它们的非线性及图像信息的多维性，以上二点作为计算机视觉的一部分，在信号处理学中形成了一个特殊的研究方向。

除了上面提到的领域，很多研究课题同样可被当作纯粹的数学问题。例如，计算机视觉中的很多问题，其理论基础便是统计学、最优化理论及几何学。

1.3　计算机视觉在智能车中的应用

随着计算机视觉技术的成熟和无人驾驶智能汽车技术的不断发展，计算机视觉已应用在智能车系统中，并且发挥着重要的甚至不可替代的作用。智能车视觉系统与传感器如图 1-1 所示。计算机视觉在智能车的应用主要有三方面，分别是交通标识识别、障碍物检测及视觉定位导航，如图 1-2、图 1-3 和图 1-4 所示。在无人驾驶过程中需要识别的交通标识有交通信号灯（红绿灯）、交通标志牌、车道线、停止线、斑马线、导向箭头，其中最关键的是车道线、停止线和红绿灯，而障碍物检测主要是行人检测和车辆检测。

图 1-1　智能车视觉传感器

图 1-2　基于视觉的交通标识识别

图 1-3　基于视觉的障碍物检测

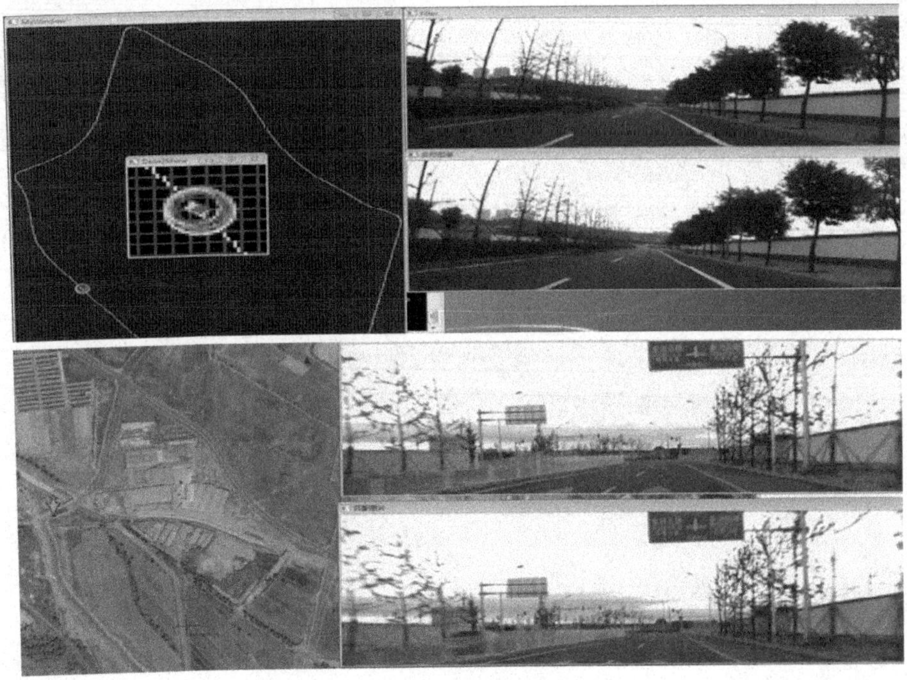

图 1-4　视觉导航定位技术

交通标识识别。在智能车的无人驾驶过程中需要通过视觉感知周边环境中的各种交通标识，就像人开车的时候需要时刻关注的各种交通标识，如红绿灯、交通牌、导向箭头、停止线等。但是智能车识别这些交通标识的目的和人开车时关注这些标识的目的不同，这些标识对人来说只是一种辅助，而对智能车来说是一种引导，两者是有区别的，例如，人可以不看车道线驾驶而智能车在没有 GPS 导航的情况下只能寻车道线行驶。对智能车而言，以上的所有交通标识识别最为重要的是车道线识别和停止线识别与测距，其他的交通标识都可以通过其他方式解决。车道线识别的目的是为了让智能车寻着车道线行驶，而停止线识别与测距的目的是为了让智能车在路口安全停车。红绿灯对智能车固然重要或者说必不可少，但是利用视觉进行红绿灯识别代价很高并且很难做到鲁棒实时，而采用射频技术则可以很容易解决这个问题。交通标志牌、斑马线、导向箭头作为静态交通标识内容位置一般都是固定的，所以可以将这些标识作为实验知识，做到用于无人驾驶智能车的高精度地图中，智能车到了附近自然就知道周边有什么交通标识了。

障碍物检测。智能车在无人驾驶过程中，除了需要导航引导外，还需要时刻感知车身周边的障碍物信息，如道路上的行人、车辆，以及马路边沿、栏杆等。虽然现在有很多关于基于视觉的行人检测、车辆检测的研究，以及基于图像分割的可行驶区域计算方法，但是毕竟不够成熟，其实时性、鲁棒性和准确性都难到达智能车的实际要求，然而这些问题对激光雷达、毫米波雷达来说确实是很简单的事情，因此，在智能车系统中有专门的雷达负责检测行人、车辆及马路沿等。

视觉导航定位。在智能车无人驾驶过程中需要实时知道自身位置及目标地的位置，这就需要导航定位技术。现在流行的导航定位技术是GPS+惯导组合定位或者北斗+惯导组合定位，不管是哪种卫星导航定位技术都存在一个致命的缺点，在多云、密集的高建筑物、高架桥，以及隧道等遮挡时会丢失信号及定位误差很大。而视觉导航定位就是解决卫星这个缺陷及其成本昂贵的问题。现有的视觉定位方法可以分为三类：基于路标库和图像匹配的全局定位、同时定位与地图构建的SLAM、基于局部运动估计的视觉里程计。其中全局定位、SLAM定位都不太适合智能车的实际驾驶环境，较好的视觉导航定位方法都是基于视觉里程计的定位。

第 2 章　视觉预处理技术

2.1　灰度化处理

在对道路图像进行阈值处理之前，我们需要先对原始的 RGB 图像进行灰度化处理，即格式由 RGB 颜色空间转换成灰度图像。RGB 图像转灰度图像的一般公式如下：

$$Gray = 0.299 \times R + 0.587 \times G + 0.114 \times B$$

其中，R、G、B 分别是红色、蓝色和绿色通道的值，其范围为[0～255]。然而这种灰度化处理方法将会丢失大量颜色信息。为了增强灰度效果采用了以下方法，公式如下：

$$I = R + G - B$$

但是，车道线的颜色一般是白色（255,255,255）和黄色（255,255,0），如果使用以上公式对黄色进行灰度化的话，那么 I=255+255-0=510>255，显然这种方法对某些颜色具有不合理性。因此，为了增强地面交通标识（车道线、斑马线、停止线、导向箭头）的特征信息，我们会采用以下方法，公式如下：

$$I = 0.5 \times (R + B)$$

这种方法可以增强车道线等标识的灰度值质量，因此可以提高图像处理的准确性。

在图 2-1 中左上方的图像是原始 RGB 图像，其中有白色实线和黄色实线，以便测验灰度算法的适用性；右上方的图像是采用 $Gray = 0.299 \times R + 0.587 \times G + 0.114 \times B$ 的方法进行灰度处理，可以发现黄色实线部分的灰度值偏低比较暗，不利于黄色车道线的检测；左下方的图像是采用 $I = R + G - B$ 的方法进行灰度化处理的结果，可以发现黄色实线部分的灰度值很高很亮，我们在其基础上做了边界处理，当大于 255 时为 255，而小于 0 时为 0，以防止出错。虽然这种处理方法可以使白色、黄色车道线增强，但是同时将整个图像亮度提高了，对边缘提取和阈值处理带来一定的噪声；右下方的图像是采用 $I = 0.5 \times (R + B)$ 的方法进行灰度化处理的结果，对车道线具有比较好的显示，同时又不增强图像亮度，比较真实反映路面信息。

图 2-1　三种灰度处理方法的效果

2.2　颜色空间变换

颜色空间又称彩色模型（彩色空间或彩色系统），它的用途是在某些标准下用通常可接受的方式对彩色加以说明。本质上，彩色模型是对坐标系统和子空间的阐述。位于系统中的每种颜色都有单个点表示。采用的大多数颜色模型都是面向硬件或面向应用的。颜色空间从提出到现在已经有上百种，大部分只是局部的改变或专用于某一领域。颜色空间按照基本结构可以分两大类：基色颜色空间（RGB）和色、亮分离颜色空间；在智能车视觉图像预处理中常用的有 RGB、HSV。

2.2.1　RGB 颜色空间

RGB 色彩模式是工业界的一种颜色标准，是通过对红（R）、绿（G）、蓝（B）三个颜色通道的变化，以及它们相互之间的叠加来得到各式各样的颜色的，RGB 即代表红、绿、蓝三个通道的颜色，这个标准几乎包括了人类视力所能感知的所有颜色，是目前运用最广的颜色系统之一。需要向大家声明的是，OpenCV 默认的图片通道是 BGR，使用时只需将 RGB 转成 BGR 就可以正常显示了。RGB 图像与 BGR 图像的区别如图 2-2 所示。

RGB 色彩模式使用 RGB 模型为图像中每一个像素的 RGB 分量分配一个 0～255 的强度值。RGB 图像只使用三种颜色，就可以使它们按照不同的比例混合，在屏幕上呈现 16 777 216（256×256×256）种颜色。

图 2-2　RGB 图像（上）与 BGR 图像（下）

大多数的颜色可以通过红、绿、蓝三色按照不同的比例合成产生，同样绝大多数单色光也可以分解成红绿蓝三种色光。红绿蓝三基色按照不同的比例相加合成混色称为相加混色。在智能车实际应用中经常需要检测不同颜色的目标对象，如交通信号灯（红色和绿色）、车道线（白色和黄色）、交通标志牌（蓝色、黄色和红色），智能车图像中常用的 RGB 颜色值如表 2-1 所示。

表 2-1　智能车图像中常用的 RGB 颜色值

颜　色 名　称	红色值 Red	绿色值 Green	蓝色值 Blue
红色	255	0	0
绿色	0	255	0
蓝色	0	0	255
黑色	0	0	0
白色	255	255	255
黄色	255	255	0

2.2.2　HSV 颜色空间

HSV（Hue Saturation Value）是根据颜色的直观特性由 A. R. Smith 在 1978 年创建的一种颜色空间，又称为六角锥体模型（Hexcone Model）。HSV 即色相、饱和度、明度（Hue Saturation Value），又称为 HSB，其中 B 即英语 Brightness。

色调 H：用角度度量，取值 0°～360°，从红色开始按逆时针方向计算，红色为 0°，绿色为 120°，蓝色为 240°。它们的补色是黄色为 60°，青色为 180°，品红为 300°。

饱和度 S：取值 0.0～1.0。

亮度 V：取值 0.0（黑色）～1.0（白色）。

HSV 颜色空间的模型对应于圆柱坐标系中的一个圆锥形子集，圆锥的顶面对应于 V=1，如图 2-3 所示。它包含 RGB 模型中的 R=1，G=1，B=1 三个面，所代表的颜色较亮。色彩 H 由绕 V 轴的旋转角给定。红色对应于角度 0°，绿色对应于角度 120°，蓝色对应于角度 240°。在 HSV 颜色模型中，每一种颜色和它的补色相差 180°。饱和度 S 取值 0～1，所以圆锥顶面的半径为 1。HSV 颜色模型所代表的颜色域是 CIE 色度图的一个子集，这个模型中饱和度为 100%的颜色，其纯度一般小于 100%。在圆锥的顶点（原点）处，V=0,H 和 S 无定义，代表黑色。圆锥的顶面中心处 S=0，V=1, H 无定义，代表白色。从该点到原点代表亮度渐暗的灰色，即具有不同灰度的灰色。对于这些点，S=0, H 的值无定义。可以说，HSV 模型中的 V 轴对应于 RGB 颜色空间中的主对角线。在圆锥顶面的圆周上的颜色，V=1，S=1，这种颜色是纯色。HSV 模型对应于画家配色的方法。画家用改变色浓和色深的方法从某种纯色获得不同色调的颜色，在一种纯色中加入白色以改变色浓，加入黑色以改变色深，同时加入不同比例的白色，黑色即可获得各种不同的色调。

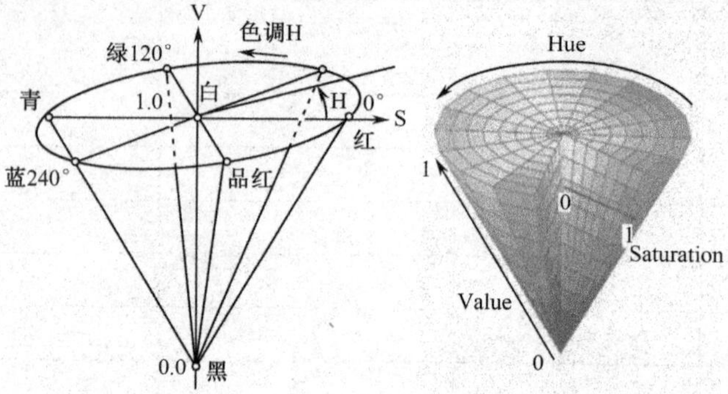

图 2-3　HSV 颜色空间可以用一个圆锥空间模型来描述

2.2.3　RGB 与 HSV 相互转换

（1）由 RGB 到 HSV 空间的转换算法

设(r,g,b)分别是一个颜色的红、绿和蓝坐标，它们的值是在 0～1 的实数。设 max 等价于 r,g 和 b 中的最大者。设 min 等于这些值中的最小者。要找到在 HSV

空间中的(h,s,v)值，这里的$h\in[0,360)$度是角度的色相角，而$s,v\in[0,1]$是饱和度和亮度，计算为

$$v=\max$$

$$s=\begin{cases}0, if \quad \max=0\\ \dfrac{\max-\min}{\max}=1-\dfrac{\min}{\max}, otherwise\end{cases}$$

$$h=\begin{cases}0^\circ, & if \quad \max=\min\\ 60^\circ\times\dfrac{g-b}{\max-\min}+0^\circ, & if \quad \max=r\ and \quad g\geqslant b\\ 60^\circ\times\dfrac{g-b}{\max-\min}+360^\circ, & if \quad \max=r\ and \quad g<b\\ 60^\circ\times\dfrac{b-r}{\max-\min}+120^\circ, & if \quad \max=g\\ 60^\circ\times\dfrac{r-g}{\max-\min}+240^\circ, & if \quad \max=b\end{cases}$$

（2）由 HSV 到 RGB 空间的转换算法

给定 HSV 空间中的(h,s,v)值定义的一个颜色，带有 h 在指示色相角度的值域[0,360）中，分别表示饱和度和亮度的 s 和 v 在值域[0,1]中，对应在 RGB 空间中的(r,g,b)三原色，其中对应红色、绿色和蓝色的 r,g 和 b 也在值域[0, 1]中，它们可计算为

$$h_i\equiv\left[\frac{h}{60}\right](\mathrm{mod}\quad 6)$$

$$f=\frac{h}{60}-h_i$$

$$p=v\times(1-s)$$

$$p=v\times(1-f\times s)$$

$$p=v\times(1-(1-f)\times s)$$

$$(r,g,b)=\begin{cases}(v,t,p), & if \quad h_i=0\\ (q,v,p), & if \quad h_i=1\\ (p,v,t), & if \quad h_i=2\\ (p,q,v), & if \quad h_i=3\\ (t,p,q), & if \quad h_i=4\\ (v,p,q), & if \quad h_i=5\end{cases}$$

根据上述公式对 RGB 图像和 HSV 图像进行相互转换，结果如图 2-4 所示。

图 2-4　RGB 与 HSV 图像的相互转换

2.3　阈值处理

图像的阈值处理就是将图像上的点的灰度置为 0 或 255，也就是将整个图像呈现出明显的黑白效果。即将 256 个亮度等级的灰度图像通过适当的阈值选取而获得，仍然可以反映图像整体和局部特征的阈值图像。在数字图像处理中，二值图像占有非常重要的地位，特别是在实用的图像处理中，以二值图像处理实现而构成的系统是很多的。要进行二值图像的处理与分析，首先要把灰度图像阈值处理，得到阈值图像。这样有利于在对图像做进一步处理时，图像的集合性质只与像素值为 0 或 255 的点的位置有关，不再涉及像素的多级值，使处理变得简单，而且数据的处理和压缩量小。为了得到理想的二值图像，一般采用封闭、连通的边界定义不交叠的区域。所有灰度大于或等于阈值的像素被判定为属于特定物体，其灰度值用 255 表示；否则这些像素点被排除在物体区域以外，灰度值为 0，表示背景或者例外的物体区域。如果某特定物体在内部有均匀一致的灰度值，并且其处在一个具有其他等级灰度值的均匀背景下，使用阈值法就可以得到比较好的分割效果。如果物体同背景的差别表现不在灰度值上（如纹理不同），可以将这个差别特征转换为灰度的差别，然后利用阈值选取技术来分割该图像。动态调节阈值实现图像的阈值可动态观察其分割图像的具体结果。

$$dst(i,j)=\begin{cases}255, src(i,j)\geqslant T\\ 0, src(i,j)<T\end{cases}$$

其中，T 为指定的阈值，如图 2-5 所示是当阈值 T=220 的处理效果。

图 2-5　阈值 T=220 的处理效果

2.3.1　全局阈值处理方法

全局阈值方法（Global Threshold Method）对每一幅图计算一个单一的阈值。灰度级大于阈值的像素被标记为背景色，否则为前景。全局阈值处理方法是指根据一定的规定计算出一阈值对全局图像进行阈值，属于在整幅图像内采用固定的阈值分割图像。经典的阈值选取以灰度直方图为处理对象。根据阈值选择方法的不同，可以分为模态方法、迭代式阈值选择等方法。这些方法都是以图像的直方图为研究对象来确定分割的阈值的。另外，还有类间方差阈值分割法、二维最大熵分割法、模糊阈值分割法、共生矩阵分割法、区域生长法等。

2.3.2 局部阈值处理方法

局部阈值方法（Local Threshold Method）以像素的邻域信息为基础来计算每个像素的阈值。其中一些方法还会计算整个图像中的一个阈值面。如果图像中的一个像素(x,y)的灰度级高于在(x,y)点的阈值面的计算值，那么把像素(x,y)标记为背景，否则为前景。

2.3.3 自适应阈值处理方法

在像处理中，往往习惯使用自适应的阈值处理方法来提高算法的鲁棒性。最为经典的自适应阈值处理方法有 OTSU 阈值算法，其阈值处理效果如图 2-6 所示。

图 2-6 自适应阈值处理方法

OTSU 算法是由日本学者 OTSU 于 1979 年提出的一种对图像进行阈值的高效算法。OTSU 算法（最大类间方差法，又称大津算法）使用的是聚类的思想，把图像的灰度数按灰度级分成两个部分，使得两个部分之间的灰度值差异最大，每个部分之间的灰度差异最小，通过方差的计算来寻找一个合适的灰度级别来划分。所以，可以在阈值的时候采用 OTSU 算法来自动选取阈值进行阈值。OTSU 算法被认为图像分割中阈值选取的最佳算法，计算简单，不受图像亮度和对比度的影响。

记 T 为前景与背景的分割阈值，前景点数占图像比例为W_0，平均灰度为U_0；背景点数占图像比例为W_1，平均灰度为U_0。则图像的总平均灰度为

$$U = W_0 \cdot U_0 + W_1 \cdot U_1$$

前景和背景图像的方差为

$$G=W_0 \cdot (U_0 - U)^2 + W_1 \cdot (U_1 - U)^2 = W_0 \cdot W_1 \cdot (U_0 - U_1)^2$$

公式 $G = W_0 \cdot W_1 \cdot (U_0 - U_1)^2$ 为方差公式。

当方差 G 最大时，可以认为此时前景和背景差异最大，此时的灰度 T 是最佳阈值 $T = W_0 \cdot W_1 \cdot (U_0 - U_1)^2$ 。

2.4 霍夫变换

霍夫变换（Hough Transform）是图像处理中从图像中识别几何形状的基本方法之一，应用很广泛，也有很多改进算法，主要用来从图像中分离出具有某种相同特征的几何形状（如直线、圆等）。霍夫变换寻找直线与圆的方法相比与其他方法可以更好的减少噪声干扰。经典的霍夫变换常用来检测直线、圆、椭圆等。

霍夫变换算法思想如下。

以直线检测为例，每个像素坐标点经过变换都变成与直线特质有贡献的统一度量。一个简单的例子为一条直线在图像中是一系列离散点的集合，通过一个直线的离散极坐标公式，可以表达出直线的离散点几何等式为

$$x \cdot \cos(theta) + y \cdot \sin(theta) = r$$

其中，角度 theta 指 r 与 X 轴之间的夹角，r 为到直线几何垂直距离。任何在直线上的点(x,y)都可以表达，其中 r，theta 是常量。

然而在实际的图像处理领域，图像的像素坐标 $P(x,y)$是已知的，而 r,theta 则是我们要寻找的变量。如果我们能根据每个像素点坐标 $P(x,y)$值的话，那么就从图像笛卡儿坐标系统转换到极坐标霍夫空间系统，这种从点到曲线的变换称为直线的霍夫变换。变换通过量化霍夫参数空间为有限个值间隔等分或者累加格子。当霍夫变换算法开始，每个像素坐标点 $P(x,y)$被转换到$(r$,theta)的曲线点上面，累加到对应的格子数据点，当一个波峰出现时，说明有直线存在。霍夫直线变换经常应用在车道线检测中，如图 2-7 所示。

用同样的原理，我们可以用来检测圆，只是对于圆的参数方程变为如下等式，即

$$(x-a)^2 + (y-b)^2 = r^2$$

图 2-7 霍夫直线变换进行车道线检测

其中，(a,b)为圆的中心点坐标，r 为圆的半径。这样霍夫的参数空间就变成一个三维参数空间。给定圆半径转为二维霍夫参数空间，变换相对简单，也比较常用。

对于圆形交通牌一般都可以比较好的检测到，如图 2-8 所示。但由于拍摄角度不同，交通牌图像会出现倾斜，这时就需要先进行图像校正，否则检测效果很差。

图 2-8 霍夫圆变换进行交通牌检测

2.5 平滑滤波

图像的平滑方法是一种实用的图像处理技术，能减弱或消除图像中的高频率分量，但不影响低频率分量。因为高频率分量主要对应图像中的区域边缘等灰度值具有较大较快变化的部分，平滑滤波将这些分量滤去可减少局部灰度起伏，使图像变得比较平滑。在实际应用中，平滑滤波还可用于消除噪声，或者在提取较大目标前去除过小的细节或将目标内的小间断连接起来。它的主要目的是消除图像采集过程中的图像噪声，在空间域中主要利用邻域平均法、中值滤波法。

2.5.1 邻域平滑滤波

最简单的平滑滤波是将原图中一个像素的灰度值和它周围邻近 8 个像素的灰

度值相加，然后将求得的平均值作为新图中该像素的灰度值。它采用模板计算的思想，模板操作实现了一种邻域运算，即某个像素点的结果不仅与本像素灰度有关，而且与其邻域点的像素值有关。模板运算在数学中的描述就是卷积运算，这里不再赘述。邻域平均法也可以用数学公式表达，即

$$g(i,j)=\sum\frac{f(i,j)}{N},(i,j)\in M$$

其中，$f(i,j)$ 为给定的含有噪声的图像，经过邻域平均处理后的图像为 $g(i,j)$，M 是所取邻域中各邻近像素的坐标，N 是邻域中包含的邻近像素的个数。

邻域平均法的模板为 $\frac{1}{9}\begin{bmatrix}1 & 1 & 1\\1 & 1^* & 1\\1 & 1 & 1\end{bmatrix}$，中间的*表示以该像素为中心元素，即该像素是要进行处理的像素。在实际应用中，也可以根据不同的需要选择使用不同的模板尺寸，如 3×3、5×5、7×7、9×9 等，如图 2-9 所示是采用 7×7 的模板尺寸进行邻域平均法平滑滤波的效果。

图 2-9　邻域平滑滤波效果

邻域平均处理方法是以图像模糊为代价来减小噪声的，且模板尺寸越大，噪声减小的效果越显著。如果 $f(i,j)$ 是噪声点，其邻近像素灰度与之相差很大，采用邻域平均法就是用邻近像素的平均值来代替它，这样能明显消弱噪声点，使邻域中灰度接近均匀，起到平滑灰度的作用。因此，邻域平均法具有良好的噪声平滑效果，

是最简单的一种平滑方法。

2.5.2 中值滤波

无论是直接获取的灰度图像，还是由彩色图像转换得到的灰度图像，里面都有噪声存在，噪声对图像质量有很大的影响。进行中值滤波不仅可以去除孤点噪声，而且可以保持图像的边缘特性，不会使图像产生显著的模糊。

中值滤波法是一种非线性平滑技术，它将每一像素点的灰度值设置为该点某邻域窗口内的所有像素点灰度值的中值。中值滤波是一种非线性的信号处理方法，因此中值滤波器也就是一种非线性的滤波器。在一定条件下，其可以克服线性滤波器处理图像细节模糊的问题，而且它对滤除脉冲干扰和图像扫描噪声非常有效，但是，对点、线、尖顶等细节较多的图像，则会引起图像信息的丢失。中值滤波器最先被应用于一维信号的处理中，后来被人们引用到二维图像的处理中来。

中值滤波是基于排序统计理论的一种能有效抑制噪声的非线性信号处理技术，中值滤波的基本原理是把数字图像或数字序列中一点的值用该点的一个邻域中各点值的中值代替，让周围的像素值接近真实值，从而消除孤立的噪声点。方法是用某种结构的二维滑动模板，将板内像素按照像素值的大小进行排序，生成单调上升（或下降）的为二维数据序列。二维中值滤波输出为

$$g(x,y)=\text{med}\{f(x-k,y-l),(k,l\in W)\}$$

其中，$f(x,y)$，$g(x,y)$ 分别为原始图像和处理后图像。W 为二维模板，通常为 3×3、5×5 区域，也可以是不同的的形状，如线状、圆形、十字形、圆环形等。

中值滤波的基本思想是，把局部区域的像素按灰度等级进行排序，取该领域中灰度的中值作为当前像素的灰度值。

中值滤波的步骤如下。

（1）将滤波模板（含有若干个点的滑动窗口）在图像中漫游，并将模板中心与图中某个像素位置重合。

（2）读取模板中各对应像素的灰度值。

（3）将这些灰度值从小到大排列。

（4）取这一列数据的中间数据，将其赋给对应模板中心位置的像素。

如果窗口中有奇数个元素，中值取元素按灰度值大小排序后的中间元素灰度值。如果窗口中有偶数个元素，中值取元素按灰度值大小排序后的中间两个元素灰度的平均值。因为图像为二维信号，中值滤波的窗口形状和尺寸对滤波器效果影响

很大，不同图像内容和不同应用要求往往选用不同的窗口形状和尺寸。

从图 2-10 所示的结果可以看出，中值滤波对孤立的噪声像素即椒盐噪声、脉冲噪声具有良好的滤波效果。由于其并不是简单的取均值，所以，它产生的模糊也就相对较少。

图 2-10　中值滤波的效果

2.6　边缘检测

边缘检测的实质是采用某种算法来提取出图像中对象与背景间的交界线。边缘被定义为图像中灰度发生急剧变化的区域边界。图像灰度的变化情况可以用图像灰度分布的梯度来反映，因此可以用局部图像微分技术来获得边缘检测算子。

边缘的描述如下。

（1）边缘法线方向——在某点灰度变化最剧烈的方向，与边缘方向垂直。

（2）边缘方向——与边缘法线方向垂直，是目标边界的切线方向。

（3）边缘强度——沿边缘法线方向图像局部的变化强度的量度。

边缘检测的基本思想是通过检测每个像素和其邻域的状态，以决定该像素是否位于一个物体的边界上。如果一个像素位于一个物体的边界上，则其邻域像素的灰度值的变化就比较大。假设可以应用某种算法检测出这种变化并进行量化表示，那么就可以确定物体的边界。

在智能车视觉预处理中经常使用到边缘检测，车道线识别就需要提取车道线的边缘，常用的边缘检测算子有 Canny 算子和 Soble 算子。

2.6.1 Canny 算子边缘检测

Canny 边缘检测算子是 John F・Canny 于 1986 年开发出来的一个多级边缘检测算法。Canny 边缘检测根据对信噪比与定位乘积进行测度，得到最优化逼近算子，也就是 Canny 算子。

使用 Canny 边缘检测器，图像边缘检测必须满足两个条件：能有效地抑制噪声；必须尽量精确确定边缘的位置。

Canny 的目标是找到一个最优的边缘检测算法，最优边缘检测的含义如下。

（1）好的检测：算法能够尽可能多地标识出图像中的实际边缘。

（2）好的定位：标识出的边缘要与实际图像中的实际边缘尽可能接近。

（3）最小响应：图像中的边缘只能标识一次。

Canny 边缘检测算法大致流程如下。

（1）求图像与高斯平滑滤波器卷积，即

$$S[i,j]=G[i,j;\sigma]\cdot I[i,j]$$

（2）使用一阶有限差分计算图像在 x 和 y 方向上偏导数的两个矩阵 $\boldsymbol{P}$ 与 $\boldsymbol{Q}$。Canny 算法中所采用的卷积算子比较简单，表达如下：

$$S_x=\begin{bmatrix}-1 & 1\\ -1 & 1\end{bmatrix},\quad S_y=\begin{bmatrix}1 & 1\\ -1 & -1\end{bmatrix}$$

其 x 方向、y 方向的一阶偏导数矩阵表达式为

$$P[i,j]\approx(S[i,j+1]-S[i,j]+S[i+1,j+1]-S[i+1,j])/2$$
$$Q[i,j]\approx(S[i,j]-S[i+1,j]+S[i,j+1]-S[i+1,j+1])/2$$

（3）计算梯度的幅值和方位角为

$$M[i,j]=\sqrt{\boldsymbol{P}[i,j]^2+Q[i,j]^2}$$
$$\theta[i,j]=\arctan(\boldsymbol{Q}[i,j]/P[i,j])$$

（4）非极大值抑制（NMS）：细化幅值图像中的屋脊带，即只保留幅值局部变化最大的点。

将梯度角的变化范围减小到圆周的四个扇区之一，方向角和幅值分别为

$$\zeta[i,j]=\text{Sector}(\theta[i,j])$$
$$N[i,j]=\text{NMS}(M[i,j],\zeta[i,j])$$

非极大值抑制通过抑制梯度线上所有非屋脊峰值的幅值来细化 $M[i,j]$中的梯度

幅值屋脊。

（5）取阈值。

将低于阈值的所有值赋零，得到图像的边缘阵列。阈值τ取得太低则会出现假边缘；阈值τ取得太高则部分轮廓丢失；选用两个阈值是更有效的阈值方案。

用双阈值算法检测和连接边缘。Canny 算法中减少假边缘数量的方法是采用双阈值法。根据高阈值得到一个边缘图像，这样一个图像含有很少的假边缘，但是由于阈值较高，产生的图像边缘可能不闭合。在高阈值图像中把边缘链接成轮廓，当到达轮廓的端点时，该算法会在断点的 8 邻域点中寻找满足低阈值的点，再根据此点收集新的边缘，直到整个图像边缘闭合。采用 Canny 算子对车道线图像进行边缘检测的效果如图 2-11 所示。

图 2-11　Canny 算子检测边缘的效果

2.6.2　Sobel 算子边缘检测

Sobel 算子主要用于获得数字图像的一阶梯度，常见的应用和物理意义是边缘检测。在技术上，它是一个离散的一阶差分算子，用来计算图像亮度函数的一阶梯度的近似值。在图像的任何一点使用此算子，将会产生该点对应的梯度矢量或是其法矢量。

这个著名的 Sobel 边缘算子，当年作者并没有公开发表过论文，仅仅是在一次博士生课题讨论会（1968）上提出("A 3×3 Isotropic Gradient Operator for Image

Processing")，之后在 1973 年出版的一本专著（*Pattern Classification and Scene Analysis*）的脚注里作为注释出现和公开的。

函数 f(*x*,*y*)在(*x*,*y*)处的梯度为一个向量，即

$$\nabla f=\left[\frac{\partial f}{\partial x},\frac{\partial f}{\partial y}\right]^T$$

计算这个向量的大小为

$$\left|\nabla f\right|=mag(\nabla f)=\left[\left(\frac{\partial f}{\partial x}\right)^2,\left(\frac{\partial f}{\partial y}\right)^2\right]^{\frac{1}{2}}$$

近似为

$$\left|\nabla f\right|\approx\left|G_x\right|+\left|G_y\right|$$

梯度的方向角为

$$a(x,y)=\arctan\left(\frac{G_y}{G_x}\right)$$

Sobel 算子包含两组 3×3 的矩阵，分别为横向及纵向模板，将之与图像作平面卷积，即可分别得出横向及纵向的亮度差分近似值。实际使用中，在常用如下两个模板来检测图像边缘。

检测水平边沿的横向模板为

$$G_x=\begin{bmatrix}-1 & 0 & 1\\ -2 & 0 & 2\\ -1 & 0 & 1\end{bmatrix}$$

检测垂直平边沿的纵向模板为

$$G_y=\begin{bmatrix}1 & 2 & 1\\ 0 & 0 & 0\\ -1 & -2 & -1\end{bmatrix}$$

图像的每一个像素的横向及纵向梯度近似值可用以下的公式结合，来计算梯度的大小，即

$$G=\sqrt{G_x^2+G_y^2}$$

然后可用以下公式计算梯度方向，即

$$\theta=\arctan\left(\frac{G_y}{G_x}\right)$$

在以上例子中，如果以上角度等于零，即代表图像该处拥有纵向边缘，左方较右方暗。

Sobel 算子的缺点是没有将图像的主题与背景严格地区分开来，换言之，就是 Sobel 算子并没有基于图像灰度进行处理，由于 Sobel 算子并没有严格地模拟人的视觉生理特征，所以提取的图像轮廓有时并不能令人满意，如图 2-12 所示。

图 2-12　Sobel 算子检测边缘的效果

Sobel 算子另一种形式是各向同性 Sobel（Isotropic）算子，也有两个，一个是检测水平边沿的，另一个是检测垂直边沿的。各向同性 Sobel 算子和普通 Sobel 算子相比，它的位置加权系数更为准确，在检测不同方向的边沿时梯度的幅度一致。

第3章　智能车视觉平台搭建

本章主要介绍了无人驾驶智能车视觉信息认知计算的开发环境搭建，并提出了四个阶段的概念，目前我们的研究团队处于工程化阶段，所以本书的内容主要是针对这一阶段的视觉技术进行阐述，因此，要求学习本书的研究人员具有一定相关视觉信息认知计算的知识和编程能力，并对 OpenCV 有所了解。本书所介绍的开发环境同样也能满足研究型阶段的需要，虽然对初学者有一定难度，但是对后续的工程化阶段开发具有很好的帮助。

3.1　硬件平台的设计与搭建

视觉信息认知计算是无人驾驶智能车中不可或缺的部分，在整个研究团队中具有着举足轻重的地位。无人驾驶智能车视觉信息认知计算硬件平台的设计和搭建都需要根据研究团队的具体情况而定，这涉及整个研究团队需要视觉信息认知计算解决哪些视觉问题，以及无人驾驶智能车的车体构造。一般来说，视觉信息认知计算能解决无人驾驶智能车中的车道线识别与跟踪、交通标志牌识别、交通信号灯识别、停止线识别与测距、斑马线识别、导向箭头识别、行人检测、车辆检测、视觉 SLAM、视觉定位、可行驶区域计算等问题。

3.1.1　硬件平台的设计

视觉信息认知计算硬件平台的设计需要把握两点：一是研究团队的现有条件，二是需要解决什么视觉问题。只有这两点都考周全才能设计出合理可行的硬件平台。

研究团队的现有条件包括两个方面：人和物。具体表现为研究团队中有多少视觉信息认知计算的研究人员？研究人员的技术水平如何？研究团队里有多少可使用的视觉设备（包括摄像机、工控机）？研究团队里有多少经费用在视觉信息认知计算中等问题。

需要解决什么是视觉问题，是指一个无人驾驶智能车研究团队将依靠视觉信息认知计算解决哪些具体的视觉问题，只有明确自身任务才能够根据需要设计出相应的硬件平台。虽然视觉信息认知计算能解决很多视觉问题，但并不意味着每个研究团队都有具备这些能力，因此，依靠视觉信息认知计算解决哪些具体的视觉问题，需要根据每个研究团队自身的研究水平而定。

在一个无人驾驶智能车研究团队中，视觉信息认知计算至少需要解决以下四个基础技术问题。

（1）车道线识别与跟踪。

（2）停止线识别与测距。

（3）交通标志牌识别。

（4）交通信号灯识别。

以上四个基础技术问题具有两个特性：一是无人驾驶智能车必须解决的技术问题，二是除视觉信息认知计算外都很难或无法解决的技术问题。因此，一个最简单的无人驾驶智能车视觉信息认知计算硬件平台必须能够解决以上四个基础技术问题。

我们可以发现上述四个基础技术问题从空间层次上可以分为两类：地面信息识别技术和空中信息识别技术。从视野范围上也可以分为两类：近处信息识别技术和远处信息识别技术。车道线识别与跟踪、停止线识别与测距属于地面信息识别技术和近处信息识别技术，而交通标志牌识别、交通信号灯识别属于空中信息识别技术和远处信息识别技术。

根据这两种分类方法，也可以对斑马线识别、导向箭头识别、行人检测、车辆检测、视觉 SLAM、可行驶区域计算等技术进行分类，如表 3-1 所示。

在表 3-1 中我们可以将需要解决的视觉技术问题归纳为三类：近地、近空、远空。所以最少需要三个摄像机来进行图像捕获，镜头分别是广角镜头、标准镜头、长焦镜头。在最简硬件平台的设计中，我们可以将交通标线识别（包括车道线识别、停止线识别、斑马线识别、导向箭头识别）和可行驶区域计算由一个摄像机负责采集数据，交通标志牌识别、交通信号灯识别由一个摄像机负责采集数据，将行人检测、车辆检测、视觉 SLAM 由一个摄像机负责采集数据。所以一般情况下，三个摄像机便可以实现大部分视觉功能。

表 3-1　视觉技术的分类

视觉技术名称	地面信息识别技术	空中信息识别技术	近处信息识别技术	远处信息识别技术
车道线识别	是		是	
停止线识别	是		是	
斑马线识别	是		是	
导向箭头识别	是		是	
可行驶区域计算	是		是	
交通标志牌识别		是		是
交通信号灯识别		是		是
行人检测		是	是	
车辆检测		是	是	
视觉 SLAM	是	是	是	

以上讨论的是摄像机的最少数量，接下来我们再讨论一下工控机的最少数量。工控机的数量受两方面的影响，分别是工控机的性能和视觉计算的开销。在无人驾驶智能车项目中，对数据处理的实时性要求很高，一般的是每 100ms 对智能车做一次控制动作，在这个标准下要求交通标线识别速度是 20ms/f（毫秒每帧），交通标志牌识别和交通信号灯识别速度在 200ms/f 内。受限于现有的视觉技术，交通标志牌识别和交通信号灯识别的运算开销是很大的，一般需要单独占用一台工控机，而交通标线识别只需要半台。所以最简硬件平台最少需要一台半的工控机，如图 3-1 所示是最简硬件平台设计框架。

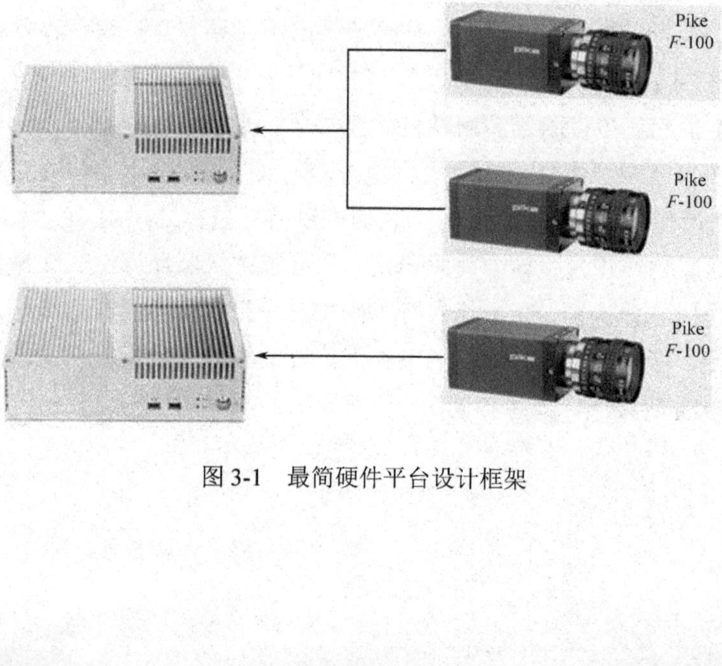

图 3-1　最简硬件平台设计框架

3.1.2 硬件平台的搭建

视觉信息认知计算硬件平台的搭建应注意三点：第一是实用性，第二是美观性，第三是低成本。实用性是指在搭建硬件平台时一定要保证安装的视觉设备能够满足具体需要，包括设备的性能和安装位置。美观性和低成本是考虑搭建的硬件平台今后便于产品化。

（1）设备的选择

摄像机的选择主要从摄像机性能和成本两方面考虑。用于无人驾驶智能车的摄像机性能要求比较高，一般都是工业级摄像机，所以价格一般都不便宜。摄像机可以简单的分为全景摄像机、双目摄像机和单目摄像机，国内的无人驾驶智能车研究团队主要是以单目摄像机为主。全景摄像机成本很高，价格一般是十几万到几十万不等，双目摄像机其次，价格一般在 2 万～5 万元，单目摄像机一般是一两万一个或者几千元一个。摄像机的选择需要根据每个研究团队自身的情况而定，没有严格的要求标准。

工控机（Industrial Personal Computer，IPC）即工业控制计算机。工控机的选择主要是从三个方面考虑：一是工控机的计算能力，二是工控机的可扩展性，三是工控机的散热性和抗震性。由于工控机在无人驾驶智能车中主要是用于数据处理，因此其计算能力是最为重要的，一般要求 4 核以上的 CUP，并且 CPU 主频在 2.0GHz 以上。工控机的可扩展性是指工控机可以额外增加各种接口，一般我们使用的摄像机的数据线是 1394 接口或者 USB 接口，由于一台摄像机可能需要连接多个摄像机，所以往往需要安装专业图像采集卡，这就要求工控机具有相应的扩展槽。工控机的散热性是指工控机的散热能力，在实际测试和工作的时，工控机往往需要连续工作好几个小时甚至十几个小时，尤其是在夏天的高温作业环境中，要求工控机具有很好的散热性从而保证工作的正常运行。工控机的抗震性是指工控机的抗震能力，由于智能车在行驶过程中往往会遇到比较颠簸的路段，这时会造成比较大的车体震动，工控机需要较好的抗震保护。市场上的工控机一般并不是很贵，价格在 1 万元左右，所以工控机的成本一般不会作为考虑的重点。

（2）设备的安装

摄像机的安装需要结合智能车的具体车体结构来定，有的车身较长，有的车比较矮，这对摄像机的安装都会有影响。大多数的研究团队都是将摄像机安装在车内的后视镜附近，如图 3-2 所示。这样比较隐蔽美观，但是对于那些车身较长车高较低的车辆来说并不理想，因为会造成很大的视野盲区，所以有的研究团队会把摄像机安装在车辆顶部。由于全景摄像机的特殊性一般都是安装在车的顶部。总之，摄像机的安装原则是确保摄像机获取的图像能够满足具体应用的需要。

图 3-2　摄像机的各种安装分别是车内、车顶、车耳朵

工控机的安装一般都是安装在后备箱里，如图 3-3 所示，需要特制一个机箱架子，将工控机固定在机箱架子上。所有的数据线都将埋在车体内部，最终连接到后备箱的工控机上。

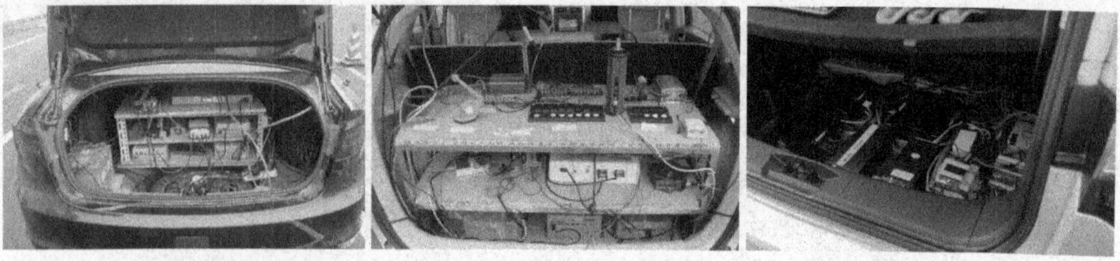

图 3-3　工控机的安装

无人驾驶智能车视觉信息认知计算硬件平台的设计与搭建是视觉信息认知计算研究的基础，但是其设计与搭建会因各研究团队而异，并没有绝对的标准，也不能说哪个研究团队的设计就是最好的，只能说更适合哪个团队。一般来说，刚起步的研究团队的设计和搭建一开始往往都是比较粗糙并且改动比较频繁的，随着经验的积累，慢慢地会变得精细、定型。关于硬件平台的设计和搭建可以多参考和学习国内的一些研究团队，例如，天津军事交通学院、北京联合大学、武汉大学、总参 61 所、西安交通大学、国防科学技术大学、北京理工大学、中科院合肥物质科学研究院、同济大学、清华大学、南京理工大学、上海交通大学、宇通、上汽、百度、华为等国内从事无人驾驶智能车研究的团队。

3.2 开发环境的搭建

无人驾驶智能车视觉信息认知计算的开发环境一般会经历四个阶段：研究型阶段、工程化阶段、定型阶段和产品化阶段。研究型阶段是指在实验室里对某些视觉算法的理论研究和验证，这一阶段重点在于对理论的研究和创新，为工程化阶段做准备；工程化阶段是指在无人驾驶智能车视觉信息认知计算的硬件平台上做实验，利用现有的视觉算法解决实际的工程问题，如真实道路中的车道线识别等，属于软件研发阶段，需要站在软件工程的高度去对待；定型阶段是指视觉算法已经研究的很成熟并且在工程化阶段得到了很好的应用，为产品化做准备，会将一些成熟的视觉功能进行封装并且追求更加稳定可靠的版本；产品化阶段是指将一些成熟技术从无人驾驶智能车视觉信息认知计算硬件平台上独立出来做成产品用于汽车上，如一些安全辅助系统。

3.2.1 开发工具介绍

无人驾驶智能车视觉信息认知计算的开发工具有很多，如 Matlab、OpenCV、DSP 等，因为 OpenCV 在研究型阶段、工程化阶段和定型阶段都很实用，所以本书将重点介绍。

OpenCV 的全称是：Open Source Computer Vision Library。OpenCV 是一个基于 BSD 许可授权（开源）发行的跨平台计算机视觉库，可以运行在 Linux、Windows 和 Mac OS 操作系统上。它轻量级而且高效：由一系列 C 函数和少量 C++ 类构成，同时提供了 Python、Ruby、MATLAB 等语言的接口，实现了图像处理和计算机视觉方面的很多通用算法。

OpenCV 是一个基于 C/C++语言的开源图像处理函数库，其代码都经过优化，可用于实时处理图像，具有良好的可移植性，可以进行图像/视频载入、保存和采集的常规操作，具有低级和高级的应用程序接口（API），提供了面向 Intel IPP 高效多媒体函数库的接口，可针对 Intel CPU 优化代码，提高程序性能。

3.2.2 OpenCV 下载与安装

可以在 http：//opencv.org/downloads.html 上下载各种版本的 OpenCV 的源码，

Windows、Linux/Mac、iOS、Android 都有相应的版本，所以 OpenCV 可以满足在各种操作系统下的开发，一般来说现有的无人驾驶智能车视觉信息认知计算研究团队都是在 Windows 和 Linux 平台下开发。目前 OpenCV 最新发布的是 OpenCV 3.0 版本，本书所有的视觉算法是基于 OpenCV 2.4.3 版本实现的。

OpenCV 下载后安装极其简单，下面是一个以 OpenCV 2.4.3 版本为例的具体安装过程。

OpenCV 下载后是一个可执行文件（.exe 文件），如 OpenCV-2.4.3.exe，安装时只需要直接运行这个可执行文件，运行后或得到如图 3-4 所示的安装路径的选择界面，安装过程实质就是一个解压过程。

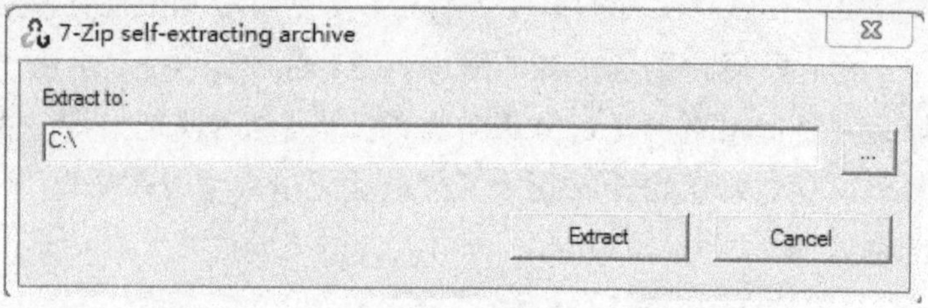

图 3-4　OpenCV 安装的路径选择

图 3-4 所示是将 OpenCV 解压在计算机的 C 盘，安装（解压）完成后，可以在 C 盘中找到一个名称为 opencv 的文件夹，若能找到，说明 OpenCV 安装完毕。不建议将 OpenCV 安装在 C 盘中（C 盘一般是系统盘），因为 OpenCV 解压后的文件比较大。

3.2.3　环境配置

OpenCV 安装完之后还需要进行环境配置才能使用，本书是以 Windows7+Microsoft Visual Studio 2010 下 OpenCV 2.4.3 的环境配置为案例介绍的。

（1）设置 OpenCV 环境变量

OpenCV 库函数需要通过用户环境变量调用所需要的库文件，如图 3-5 所示，单击开始→计算机（右击）→属性→高级系统设置→高级→环境变量，在用户变量里新建一项。

变量名：path

变量值：C：\opencv\build\x86\vc10\bin

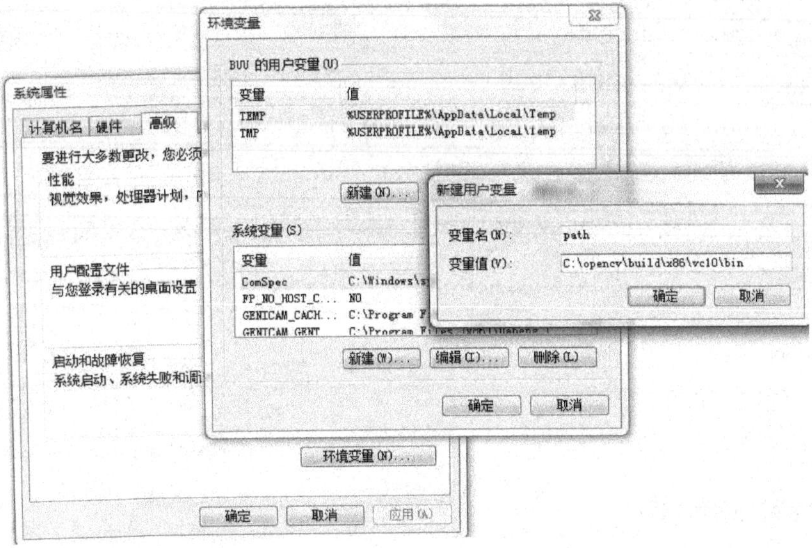

图 3-5　设置环境变量

如果已经有 path 项，在其变量值结尾添加英文分号“;”，然后在分号后面添加上面那个变量值。也可在系统变量中找到 path 变量进行上述的操作。这里的“x86”代表目标程序是 32 位的，如果要写 64 位的程序则选择“x64”文件夹。后面的“vc10”代表使用 Microsoft Visual Studio 2010 开发。环境变量设置完毕之后注销用户，重新登录 Windows，保证环境变量更新并起作用。

（2）创建 Microsoft Visual Studio 2010 项目

打开 Microsoft Visual Studio 2010，新建一个项目，选择 Visual C++→Win32→Win32 Console Application，命名例如“OpencvTest”，如图 3-6 所示。确定后将按如图 3-7 所示进入 Win32 应用程序向导，单击“下一步”，进行应用程序设置，应用程序类型只选择控制台应用程序，附加选项选中预编译头，因为程序中需要调用一些 C++的库函数，所以最好选中预编译头，如图 3-8 所示，最后单击“完成”。那么一个 Microsoft Visual Studio 2010 项目就创建好了，接下来只需要对项目进行配置，便可以对 OpenCV 的库函数进行调用了。

（3）配置工程的 OpenCV 依赖

在解决方案中右击工程名，选择属性，如图 3-9 所示。在弹出的窗口“OpencvTest 属性页”中，配置是默认的“活动(Debug)”，平台选择“活动(Win32)”。在左边选择配置属性->VC++目录，在右边的常规中编辑“包含目录”，如图 3-10 所示增加以下三项。

C：\opencv\build\include

C：\opencv\build\include\opencv

C：\opencv\build\include\opencv2

如图 3-11 所示，在“库目录”中增加 C：\opencv\build\x86\vc10\lib。

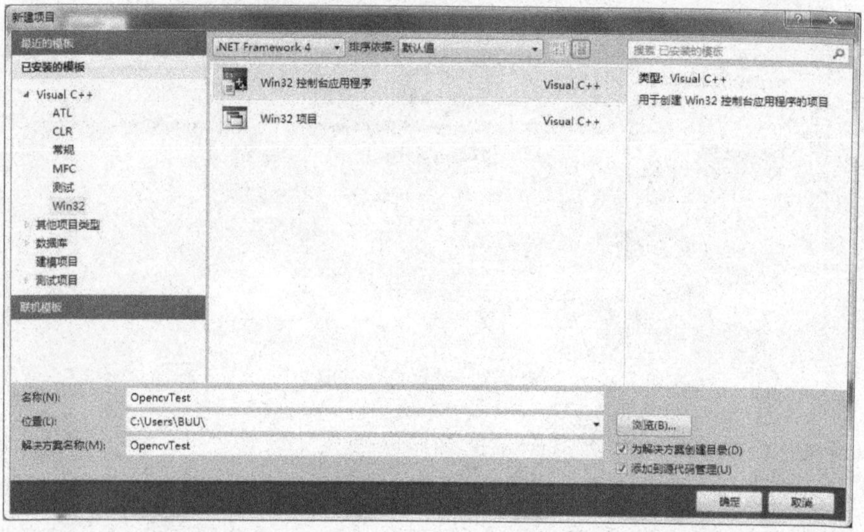

图 3-6　使用 Microsoft Visual Studio 2010 新建一个项目

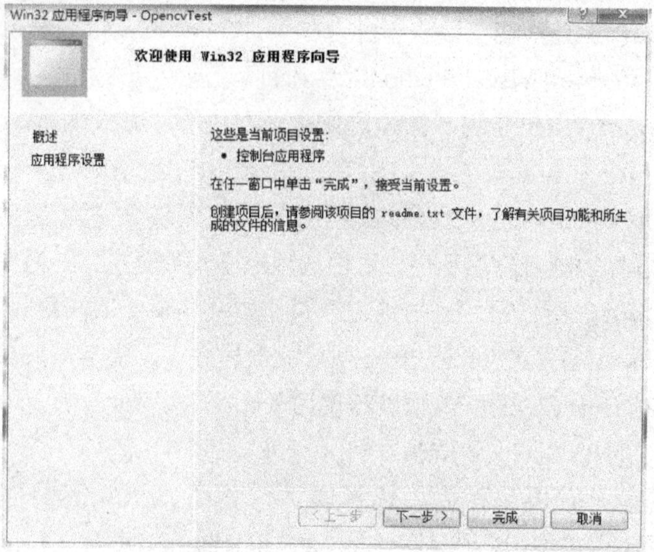

图 3-7　Win32 应用程序向导

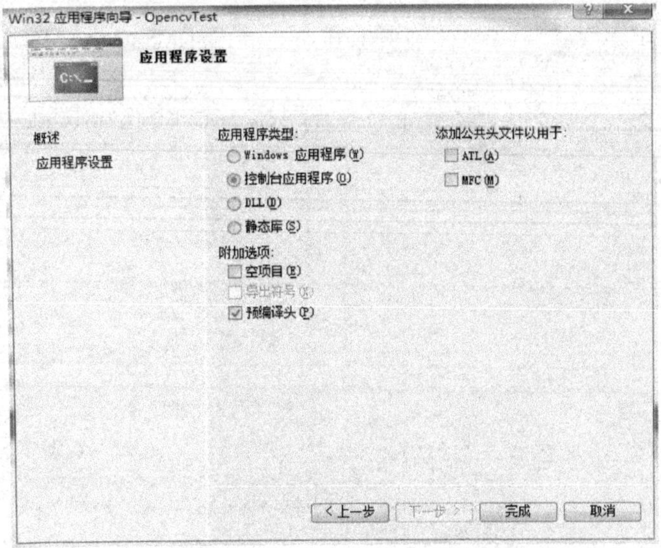

图 3-8　应用程序设置

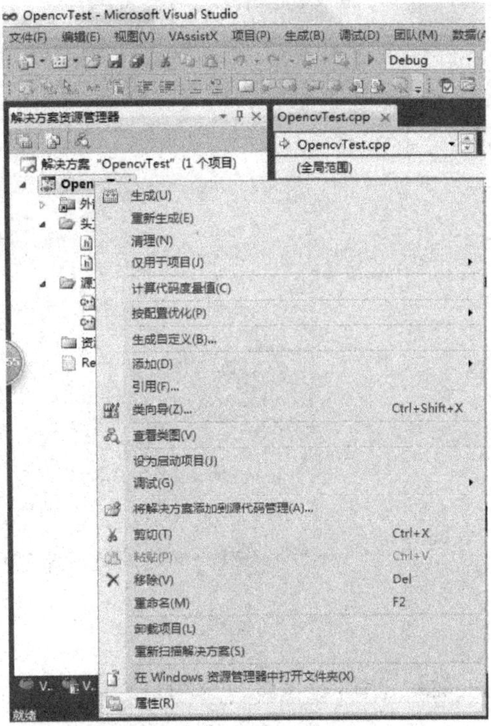

图 3-9　选择工程属性

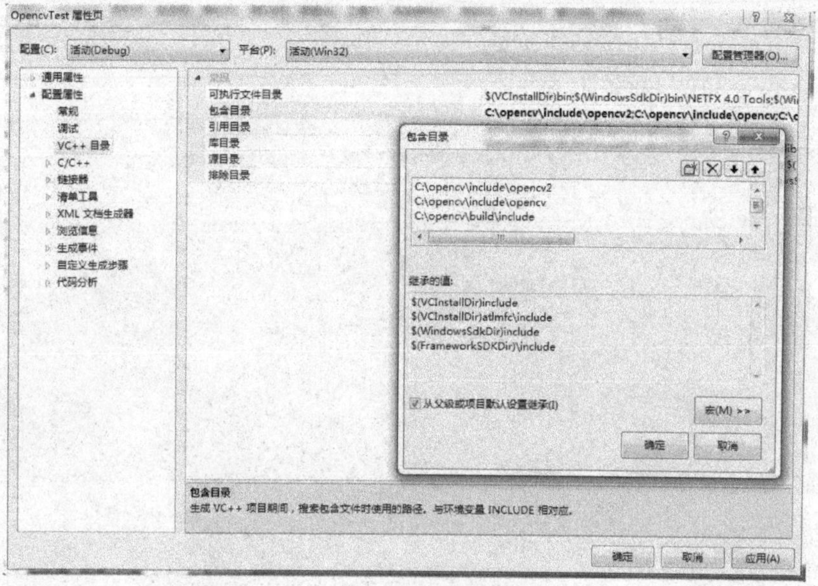

图 3-10 编辑“包含目录”

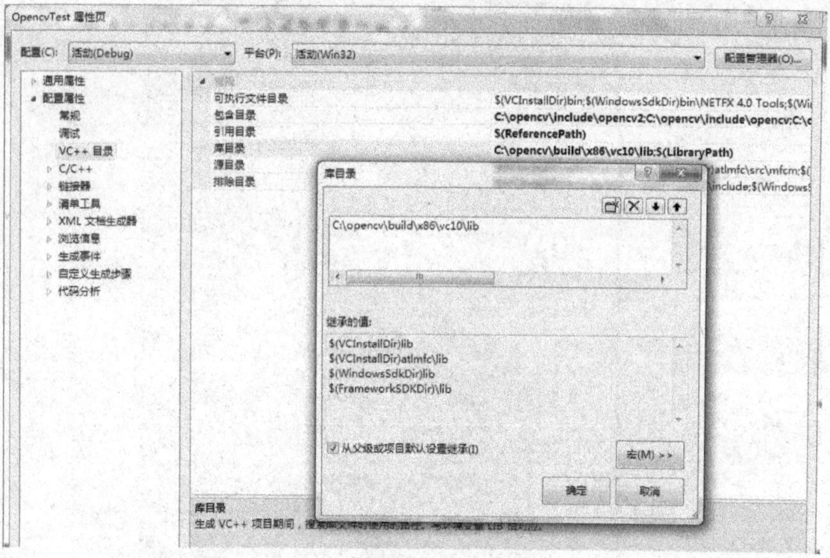

图 3-11 编辑“库目录”

把配置改为 Release，然后对包含目录和目录做同样的修改。如果只写测试程序，只用 Debug 就行，那么 Release 可以不用修改。一般来说 Release 版本程序比 Debug 的效率更高，这一点请注意。

仍然在 OpencvTest 属性页窗口下，配置选择“活动”(Debug)。在左边选择配置属性→链接器→输入，在右边编辑“附加依赖项”，如图 3-12 所示，增加以下若干项（可以根据具体的需要适当删减）。

opencv_highgui243d.lib

opencv_calib3d243d.lib

opencv_contrib243d.lib

opencv_core243d.lib

opencv_features2d243d.lib

opencv_flann243d.lib

opencv_gpu243d.lib

opencv_imgproc243d.lib

opencv_legacy243d.lib

opencv_ml243d.lib

opencv_objdetect243d.lib

opencv_ts243d.lib

opencv_video243d.lib

图 3-12　编辑 Debug 版本“附加依赖项”

（同样，如果仅使用 Debug 模式，这一步可以跳过）把配置改为 Release，如图 3-13 所示，在“附加依赖项”中增加以下若干项（在文件名上的区别仅在于在末尾少了一个“d”）。

opencv_highgui243.lib

opencv_calib3d243.lib

opencv_contrib243.lib

opencv_core243.lib

opencv_features2d243.lib

opencv_flann243.lib

opencv_gpu243.lib

opencv_imgproc243.lib

opencv_legacy243.lib

opencv_ml243.lib

opencv_objdetect243.lib

opencv_ts243.lib

opencv_video243.lib

图 3-13　编辑 Release 版本“附加依赖项”

到此，关于工程的 OpenCV 依赖就配置完毕了，接下来就可以通过一个程序例子进行测试了。

（4）例程测试

假设项目目录文件夹中有一张名为“smartCar.jpg”的图片，那么程序则读取这张图片并且显示，结果如图 3-14 所示。

```
#include <cv.h>
#include <cxcore.h>
#include <highgui.h>
int main( )
{    IplImage *img = cvLoadImage("smartCar.jpg"); //该图片就保存在这个项目下
     cvNamedWindow("Image: ",1);
     cvShowImage("Image: ",img);
     cvWaitKey();
     cvDestroyWindow("Image: ");
     cvReleaseImage(&img);
     return 0;
}
```

图 3-14　程序测试结果，显示一张图像

如果配置完环境后运行程序出现如图 3-15 所示的错误，那么可以按如图 3-16 所示那样设置相应的属性值。

图 3-15　程序运行出现 LINK 错误

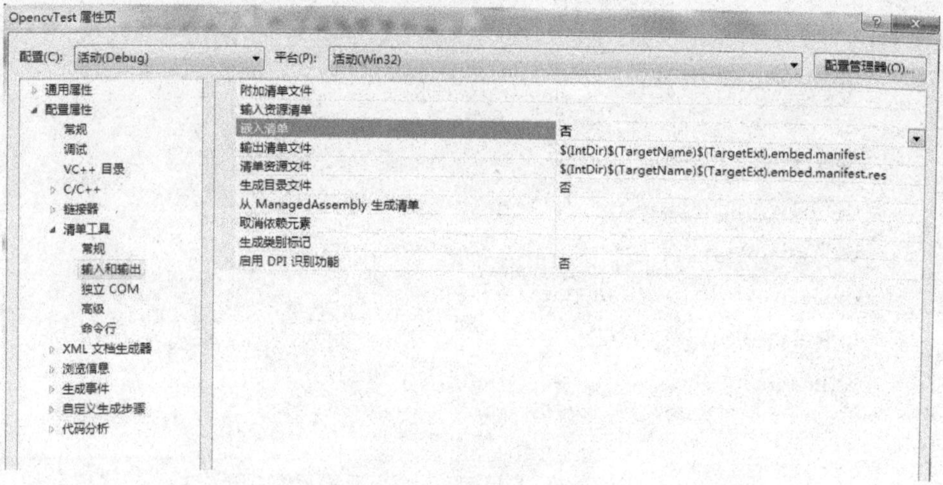

图 3-16　设置清单工具→输入和输出→嵌入清单的值为否

第 4 章 标定

在智能车视觉研究和实验过程中，经常需要对图像进行畸变校正、图像三维重建、视觉测距等，而这些都离不开摄像机的标定和逆透视变换标定。本章将重点介绍这两种方法原理、使用，以及在智能车上的应用。

4.1 摄像机标定方法

计算机视觉的基本任务之一是从摄像机获取的图像信息中计算出三维空间中物体的几何信息，并由此重建和识别物体。然而，空间物体表面某点的三维几何位置与其在图像中对应点之间的相互关系是由摄像机成像的几何模型决定的，这些几何模型参数就是摄像机参数。在大多数条件下，这些参数必须通过实验与计算才能得到，这个过程被称为摄像机标定。标定过程就是确定摄像机的几何和光学参数，摄像机相对于世界坐标系的方位。标定精度的大小，直接影响着计算机视觉的精度。迄今为止，对于摄像机标定问题已提出了很多方法，摄像机标定的理论问题已得到较好的解决，对摄像机标定的研究来说，当前的研究工作应该集中在如何针对具体的实际应用问题，采用特定的简便、实用、快速、准确的标定方法。

4.1.1 摄像机成像模型

图像是空间物体通过成像系统在像平面上的反映，即空间物体在像平面上的投影。图像上每一个像素点的灰度反映了空间物体表面某点的反射光的强度，而该点在图像上的位置则与空间物体表面对应点的几何位置有关。这些位置的相互关系，由摄像机成像系统的几何投影模型所决定。在计算机视觉中，三维空间中的物体到像平面的投影关系即成像模型，理想的投影成像模型是光学中的中心投影，又称为针孔模型。针孔模型假设物体表面的反射光都经过一个针孔而投影到像平面上，即满足光的直线传播条件。针孔模型主要由光心（投影中心）、成像面和光轴组成。

小孔成像由于透光量太小，因此需要很长的曝光时间，并且很难得到清晰的图像，因此现实中的摄像系统通常都由透镜组成。两种模型具有相同的成像关系，即像点是物点和光心的连线与图像平面的交点。因此，可以用针孔模型作为摄像机成像模型。当然，由于透镜设计的复杂性和工艺水平等因素的影响，实际透镜成像系统不可能严格满足针孔模型，产生所谓的镜头畸变，常见的如径向畸变、切向畸变、薄棱镜畸变等，因而在远离图像中心处会有较大的畸变，在精密视觉测量等应用方面，应该尽量采用非线性模型来描述成像关系。

4.1.2 摄像机内外参数

摄像机内外参数是两组参数，分别是摄像机内参数和摄像机外参数。在假设镜头没有畸变的情况下，可以将摄像头通过镜头成像看作理想的针孔成像。针孔摄像机模型如图 4-1 所示图，图中 O 为投影中心，O 为光轴与成像平面的交点，在理想情况下，O 也为成像平面的中心。

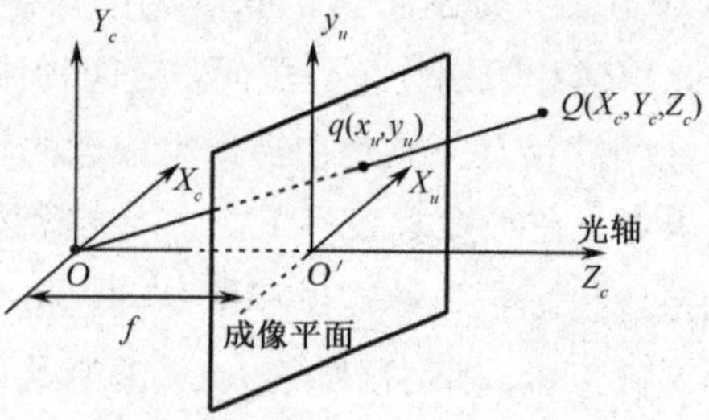

图 4-1 针孔摄像机成像模型

根据相似三角形关系，得

$$x_u = f\frac{X_c}{Z_c}, y_u = f\frac{Y_c}{Z_c}$$

其中，x_u, y_u 为在成像平面坐标系 $Ox_u y_u$ 下的二维坐标；X_c, Y_c, Z_c 为世界坐标系 $OX_cY_cZ_c$ 下的三维坐标；f 是焦距。

实际上，摄像机内的成像传感器件中心通常不在光轴上，即图中的 O 点不落在成像平面的中心，而是以某个偏移量偏离光轴，这里引入两个参数 C_x 和 C_y 来表征这个偏移量。另外，由于单个像素点在低价成像传感器件上是矩形而不是正方形，将会引入两个不同的焦距 f_x 和 f_y。f_x 实际上是透镜的物理焦距长度与成像传感器每个单元 x 方向尺寸的乘积，f_y 与 f_x 同理。因此,物理世界中的点 $Q(X_c, Y_c, Z_c)$ 通过投影中心 O 投影到成像平面上的点 $q(x_u, y_u)$，其之间的关系为

$$x_u = f_x \frac{X_c}{Z_c} + c_x, y_u = f_y \frac{Y_c}{Z_c} + c_y$$

将上式用齐次坐标表示，则有

$$\boldsymbol{q} = \boldsymbol{MQ}$$

其中 $\boldsymbol{q}$ 的齐次坐标形式为$\boldsymbol{q} = \begin{bmatrix} x_u \\ y_u \\ w \end{bmatrix}$，$\boldsymbol{M}$ 为摄像机内参数矩阵，在摄像机标定过程中需要进行标定。

$$\boldsymbol{M} = \begin{bmatrix} f_x & 0 & c_x \\ 0 & f_y & c_y \\ 0 & 0 & 1 \end{bmatrix}; \quad \boldsymbol{Q} = \begin{bmatrix} X_c \\ Y_c \\ Z_c \end{bmatrix}$$

展开公式$\boldsymbol{q} = \boldsymbol{MQ}$ 可得$W = Z_c$

注意到式中q和Q定义在两个不同的坐标系下，为了将两个坐标系关联起来，使用旋转矩阵$\boldsymbol{R}$和平移向量$\boldsymbol{T}$进行变换。变换后的式子为

$$\boldsymbol{q} = \boldsymbol{M}[RT]\boldsymbol{Q}$$

其中$\boldsymbol{R}$为 3×3 旋转矩阵，$\boldsymbol{T}$ 为 3×1 平移矩阵。

旋转矩阵$\boldsymbol{R}$可用 3 个(ψ,φ,θ)角度参数表示，平移矩阵$\boldsymbol{T}$ 可用 3 个平移参数(T_x,T_y,T_z)表示，而参数$\psi,\varphi,\theta,T_x,T_y,T_z$均为摄像机外参数。

4.1.3　机器视觉标定板说明

对摄像机进行内外参数标定需要使用到标定板，那么摄像机标定板都有哪些，各有什么特点？这需要根据实际情况去选择。

标定板（Calibration Target）在机器视觉、图像测量、摄影测量、三维重建等应用中为了校正镜头畸变、确定物理尺寸和像素间的换算关系，以及确定空间物体表面某点的三维几何位置与其在图像中对应点之间的相互关系，需要建立相机成像的几何模型。

通过相机拍摄带有固定间距图案阵列平板、经过标定算法的计算，可以得出相机的几何模型，从而得到高精度的测量和重建结果。而带有固定间距图案阵列的平板就是标定板。

目前经常使用的标定板有两种，分别是实心圆阵列图案和国际象棋盘图案，如图 4-2 所示。

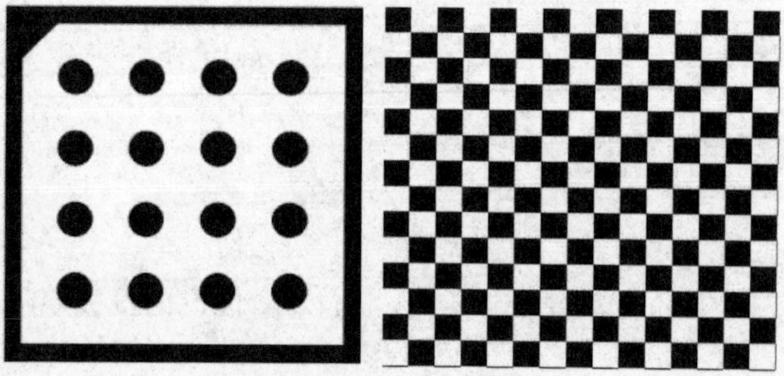

图 4-2　标定板样式

这两种标定板的原理是不一样的，实心圆阵列标定板是基于圆识别的，计算标定板中的每个圆心坐标，而棋盘格标定板是基于角点识别，计算黑白格子的角点坐标。

在实际使用时一般都需要我们自己制作，比较简易的是用纸张打印棋盘格，一般 3×3 就够用了，大小需要根据标定的摄像机的视野范围而定。然而用于智能车标定的标定板和普通一般摄像机的标定板有所不同，首先由于摄像机安装在车内，考虑到车身等因素，标定板需要比较大；一般来说都是在室外进行标定，因此标定板不可以反光否则造成标定不准确；其标定板虽然需要大一些但是不能太重，否则操作标定板的人员会比较辛苦；最后标定板材质要够硬并且平整，不能出现弯曲变形否则标定结果肯定是错误的。如图 4-3 所示是制作的几块标定板。

图 4-3　用于智能车视觉标定的方格标定板

4.1.4　单目摄像机标定

利用摄像机所拍摄到的图像来还原空间中的物体。在这里，不妨假设摄像机所拍摄到的图像与三维空间中的物体之间存在以下一种简单的线性关系：[像]=**M**[物]，这里，矩阵 **M** 可以看做是摄像机成像的几何模型。**M** 中的参数就是摄像机参数。通常，这些参数是要通过实验与计算来得到的。这个求解参数的过程就称为摄像机标定。

摄像机标定的方法有很多，张正友的平面标定方法是一种常用的方法。

假定模板平面在世界坐标系 $Z=0$ 的平面上，则有

$$\boldsymbol{s}\begin{bmatrix}u\\v\\1\end{bmatrix}=\boldsymbol{K}[r_1 r_2 r_3 t]\begin{bmatrix}X\\Y\\0\\1\end{bmatrix}=\boldsymbol{K}\begin{bmatrix}r_1 r_2 t\end{bmatrix}\begin{bmatrix}X\\Y\\1\end{bmatrix}$$

其中，$\boldsymbol{K}$ 为摄像机的内参数矩阵，$[X \quad Y \quad 1]^T$ 为模板平面上的齐次坐标，$[u \quad v \quad 1]^T$ 为模板平面上点投影到图像平面上对应点的齐次坐标，$[r_1 \quad r_2 \quad r_3]$ 和 t 分别是摄像机坐标系相对于世界坐标系的旋转矩阵和平移向量。

$$\boldsymbol{H}=[h_1 \quad h_2 \quad h_3]=\lambda\begin{bmatrix}r_1 & r_2 & t\end{bmatrix}$$

$$r_1=\frac{1}{\lambda}K^{-1}h_1,\quad r_2=\frac{1}{\lambda}K^{-1}h_2$$

根据旋转矩阵的性质，即 $r_1^T r_2=0$ 和 $\|r_1\|=\|r_2\|=1$，每幅图像可以获得以下两个对内参数矩阵的基本约束，即

$$h_1^T K^{-T} K^{-1} h_2=0$$

$$h_1^T K^{-T} K^{-1} h_1=h_2^T K^{-T} K^{-1} h_2$$

由于摄像机有 5 个未知内参数，所以当所摄取得的图像数目不小于 3 时，就可以线性唯一求解出 K，算法描述如下。

（1）打印一张模板并贴在一个平面上。

（2）从不同角度拍摄若干张模板图像。

（3）检测出图像中的特征点。

（4）求出摄像机的内参数和外参数。

（5）求出畸变系数。

（6）优化求精。

张正友的平面标定方法是介于传统标定方法和自标定方法之间的一种方法。它

既避免了传统方法设备要求高，操作烦琐等缺点，又较自标定方法精度高，符合办公、家庭使用的桌面视觉系统的标定要求。此方法是需要确定模板上点阵的物理坐标，以及图像和模板之间的点的匹配，这给不熟悉计算机视觉的使用者带来了不便。

图 4-4　基于智能车的摄像机内参标定过程

如图 4-4 所示是标定过程中部分图片，理论上 3 张图片以上就可完成标定，但是一般建议选用 25～30 张左右的图片进行标定，太少了精度不够，太多了过程很漫长，我们标定过程都采用 30 张有效图像，即可以正确检测到所有角点，如图 4-5 所示。

图 4-5　标定过程中的角点检测效果

4.2　逆透视标定方法

逆透视变换在图像处理中经常使用，一个好的逆透视标定方法可以得到较好的逆透视图像，即鸟瞰图像。在本章节中将会先介绍逆透视变换的原理，以及传统的逆透视标定方法，根据智能车的特点，介绍了一种用于智能车的逆透视标定方法，最后分析了逆透视图像的特点及应用。

4.2.1　逆透视变换原理

逆透视变换（Inverse Perspective Mapping，IPM）是指将透视图像通过变换矩阵转成逆透视图像的一个过程，逆透视图像就是我们常说的鸟瞰图像或者是俯视图像，如图 4-6 所示。

图 4-6　逆透视变换过程

将透视图像转换成俯视图像时需要一个转换矩阵，称为单应性矩阵（Homography Matrix），习惯用 $\boldsymbol{H}$ 表示单应性矩阵，$\boldsymbol{H}$ 是一个 3×3 的矩阵，即

$$\boldsymbol{H}=\begin{bmatrix} x_{11} & x_{12} & x_{13} \\ x_{21} & x_{22} & x_{23} \\ x_{31} & x_{32} & 1 \end{bmatrix}$$

假设透视图像坐标系中某个点表示为 Q(x,y,1)，通过逆透视变换将点 Q 映射到俯视图像中为点 $P(X,Y,1)$，那么可以定义矩阵为

$$\tilde{\boldsymbol{Q}}=\begin{bmatrix} x & y & 1 \end{bmatrix}^T \qquad \tilde{\boldsymbol{P}}=\begin{bmatrix} X & Y & 1 \end{bmatrix}^T$$

则有逆透视变换公式，即

$$\tilde{\boldsymbol{P}}=H\tilde{\boldsymbol{Q}}$$

即

$$\begin{bmatrix} X \\ Y \\ 1 \end{bmatrix} = \begin{bmatrix} x_{11} & x_{12} & x_{13} \\ x_{21} & x_{22} & x_{23} \\ x_{31} & x_{32} & 1 \end{bmatrix} \cdot \begin{bmatrix} x \\ y \\ 1 \end{bmatrix}$$

可得 $\boldsymbol{H}$ 的求解公式为

$$\boldsymbol{H} = \begin{bmatrix} x_{11} & x_{12} & x_{13} \\ x_{21} & x_{22} & x_{23} \\ x_{31} & x_{32} & 1 \end{bmatrix} = \begin{bmatrix} X \\ Y \\ 1 \end{bmatrix} \cdot \begin{bmatrix} x \\ y \\ 1 \end{bmatrix}^{-1}$$

4.2.2 传统的逆透视标定方法

一般情况，很多论文都是采用传统的标定方法，即通过测量获取摄像机的高度、俯仰角等信息进行透视计算的。

在欧式空间中定义两个坐标系 W（世界坐标系）和 I（图像坐标系），即

$$W = \{(x, y, z)\} \in E^3$$

$$I = \{(u, v)\} \in E^2$$

逆透视转换关系如图 4-7 所示。

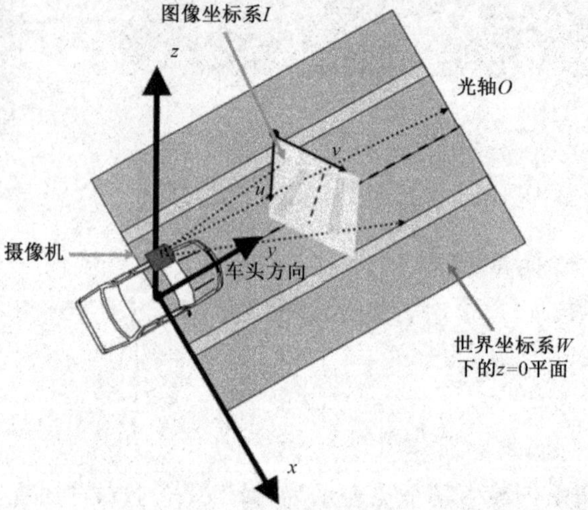

图 4-7　逆透视转换关系图

将车载摄像头安置在汽车中央后视镜处，摄像机所在平面与水平面平行，摄像机在水平面的投影为世界坐标系的原点。车载摄像机安装在车体中的位置，在世界坐标系下的坐标为$(0,0,h)$，摄像机标定的其他参数如下。

θ：摄像机光轴 o 偏离 Z=0 平面的角度，文中 θ=0。

2α：摄像机的视角。

R_x：摄像机水平方向的分辨率。

R_y：摄像机垂直方向的分辨率。

世界坐标系下的 *xoy* 平面如图 4-8 所示，世界坐标系下的 *yoz* 平面图如图 4-9 所示。

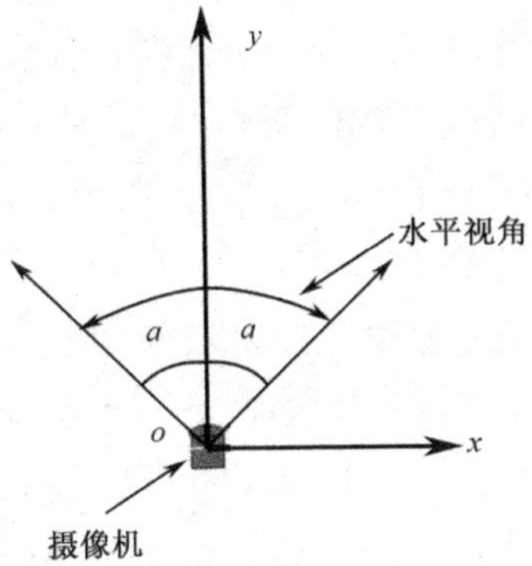

图 4-8　世界坐标系下的 *xoy* 平面

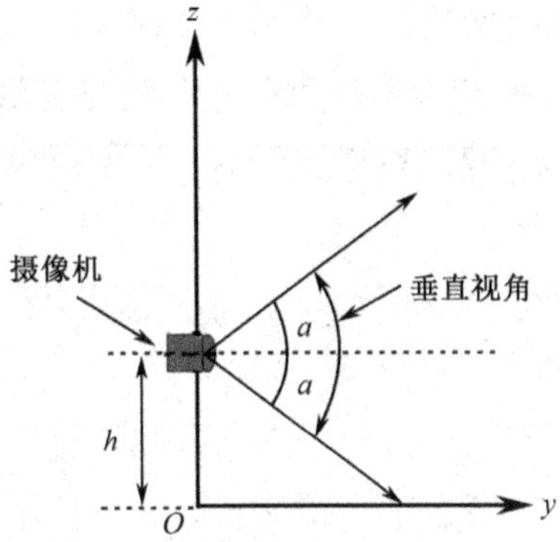

图 4-9　世界坐标系下的 *yoz* 平面

图像坐标系到世界坐标系的逆透视变换关系为

$$x = h \times \cot\left(\frac{2\alpha}{R_y - 1}u - \alpha\right) \times \sin\left(\frac{2\alpha}{R_x - 1}v - \alpha\right)$$

$$y = h \times \cot\left(\frac{2\alpha}{R_y - 1}u - \alpha\right) \times \cos\left(\frac{2\alpha}{R_x - 1}v - \alpha\right)$$

$$z = 0$$

通过以上公式发现，这种方法需要 4 个参数，其中有两个参数是需要手工进行测量的，如摄像机的高度 h 和视角 2α，这样就会造成较大的误差，而且测量也不是很方便，所以这种方法并不适合真正的应用中，尤其是智能车的应用。

4.2.3　一种用于智能车的逆透视标定方法

根据智能车的特点，摄像机一般是安装在车辆内，所以需要很大的参照点进行标定，习惯是采用四个点进行标定，这四个点组成一个矩形，具体标定步骤如下。

（1）在摄像机的视野范围内的平坦地面上选取一个矩形，要求矩形的纵轴线与智能车的纵轴线平行；对所选取的矩形的四个顶角进行标记，要求标记在摄像机的图像画面中能够清晰显示。

（2）测量矩形的边长，横向边长为 W，纵向边长为 H，单位为厘米；为了减少标定误差，要求所选定的矩形的 W 满足 $100<W<1000$，H 满足 $300<H<1500$。

（3）使用待逆透视标定的摄像机捕获一张图像，要求地面上矩形的四个角标记在图像内。

（4）建立世界平面坐标系；所述的世界平面是指智能车所在的地面所组成的二维平面；所述的坐标系是以横轴为 X 轴，纵轴为 Y 轴，其中原点的左边是 X 轴的正轴，右边是 X 轴负轴，上边是 Y 轴负轴，下边是 Y 轴的正轴。

（5）建立图像坐标系；所述的图像坐标系是以图像左上角为原点，横轴为 X 轴，纵轴为 Y 轴。

（6）计算矩形四个角的世界坐标；4 个角的坐标点分别表示为 P1（$a/k,b/k$），P2($(a+W)/k,b/k$)，P3($a/k,(b+H)/k$)，P4($(a+W)/k,(b+H)/k$)；其中点 P1，P2，P3，P4 分别是矩形左上方角、右上方角、左下方角、右下方角；其中 k 是一个比值，代表的是逆透视图像中一个像素代表的实际距离是 k 厘米；其中 a 表示的是 X 轴偏移距离，单位是厘米，a 为正值时逆透视图像往右偏移，a 为负值时逆透视图像往左偏移；其中 b 表示的是 Y 轴偏移距离，单位是厘米，b 为正值时逆透视图像往下偏移，b 为负值时逆透视图像往上偏移；P1（a/k,b/k）是矩形左上角点相对于世界坐标原点的坐标点，即当 a、b 都为零时，P1（$a/k,b/k$）=（0,0）是世界坐标系的原点；逆透视图像中的左上角（0,0）即是世界坐标系的原点。

（7）计算矩形四个角在图像中的图像坐标；四个角的坐标点分别表示为 p1($x1,y1$)，p2($x2,y2$)，p3($x3,y3$)，p4($x4,y4$)；其中点 p1，p2，p3，p4 分别是矩形左上方角、右上方角、左下方角、右下方角在图像中的坐标。

（8）计算单应性矩阵 H；所述的单应性矩阵 H 是图像坐标系与世界坐标系的转换关系，是一个 3×3 的矩阵；利用开源计算机视觉库（OpenCV）中的函数 cvGetPerspectiveTransform(P,p,H)；其中 P、p 都是坐标点数组，分别保存了世界坐标系中的 P1，P2，P3，P4 四个坐标点和图像坐标系中的 p1，p2，p3，p4 四个坐标点；其中 H 为单应性矩阵，该函数是通过对 P、p 中的坐标点进行计算得出单应性矩阵并保存在 H 中。

该标定方法的实验过程如图 4-10 所示。

图 4-10　捕获的透视图像

如图 4-10 所示是使用需要被标定的摄像机捕获的透视原始图像，图像中可以很清晰地看到由四个锥桶组成的矩形，在透视图像中呈梯形，其中矩形的实际宽 W=375cm，实际高 H=1000cm。

已知矩形的宽和高，则可以构建一个世界坐标系，如图 4-11 所示。其中横向偏移距离和纵向偏移距离可以根据具体需要改变，横向偏移距离越大则鸟瞰图像中横向的视野就越宽，而纵向偏移距离越大则纵向视野就越远。

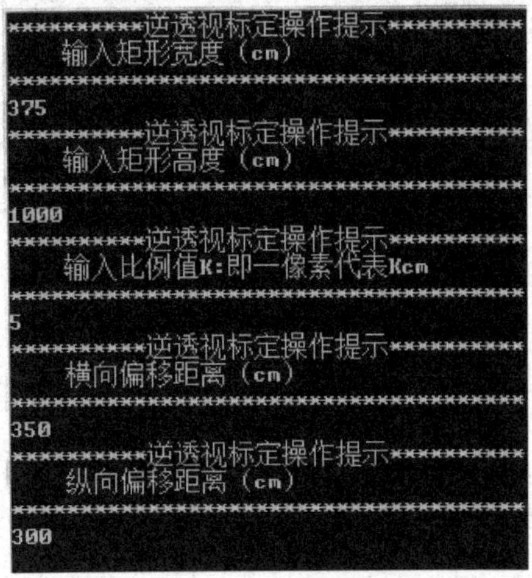

图 4-11　构建世界坐标系

图 4-12　获取矩形四个角在图像中的图像坐标

通过手动的方法获取矩形四个顶角在透视图像中的图像坐标 p1,p2,p3,p4，如图 4-12 所示。因为通过鼠标单击的方式获取的图像坐标，必然存在一定的误差，但是这种误差是可以被实际应用而接受的。

当有了世界坐标系和图像坐标系，以及(P1，P2，P3，P4)和(p1,p2,p3,p4)，则可以计算出对应的逆透视变换矩阵 ***H***，有了 ***H*** 矩阵则可以将透视图像变换成鸟瞰图像，如图 4-13 所示。

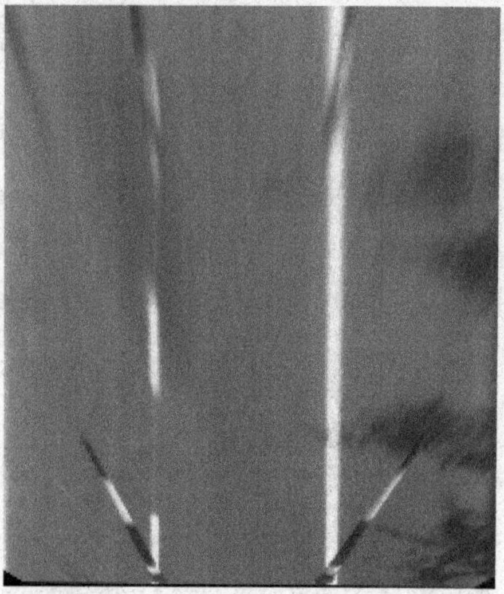

图 4-13　逆透视变换得到的鸟瞰图像

有时候在郊外做实验时发现摄像机被移动过，就需要重新对摄像机进行标定，或者将摄像机以位置姿态复原，所以建议对摄像机位置进行标记或者记下一下位置信息。如果需要重新标定的话，上述方法还是比较麻烦的，因为它需要借助很多标定工具，如锥形桶、卷尺及平行车道线的参照，但有的时候这些都没有，就需要采用一种新的标定工具：标定带。如图 4-14 所示。

通过图 4-14 可以看到标定带上有黑白相间的方格，以及每个格子都有数字，这就既可以用于角点检测又可以很方便的读出长和宽，不需要锥形桶、卷尺等，可以随时随地进行标定，同时其材质很轻盈，方便携带，但是唯一的缺点就是太轻在北方冬季标定时风比较大，需要使用砖石压住或者使用粘带把其粘住。

图 4-14　使用标定带在室外进行逆透视标定

4.2.4　逆透视图像的特点及应用

通过上述实验可以发现，逆透视图像最大的特点就是还原了物体的真实世界特征，但是这个特点只针对某一个平面而言，如道路平面。逆透视图像的另一个特点就是图像是呈线性关系，即图像中的每一个像素代表的实际大小都是一样的。

在如图 4-15 所示中，通过逆透视变换得到逆透视图像，图像中的导向箭头很清晰也很标准，可以很好地反映真实世界路标的本质，这对导向箭头的识别具有很大帮助。从图 4-15 中也能看出逆透视图像线性特征，车道在真实情况下是平行的，逆透视图像中的车道线上下是等宽并且两条车道线是平行的，这就证明了逆透视具有很好的线性特征。

逆透视变换得到的鸟瞰图像最大的缺点就是对立体物体（具有高度的物体）会进行拉伸变形而对平面物体造成干扰，但是这一特点又可以被用于障碍物的检测和可行驶区域计算。

在智能车的应用中，逆透视图像主要是用于地面交通标识（车道线、停止线、斑马线、导向箭头等）的检测，以及车道线虚拟中心线的计算和停止线的测距等方面。此外，逆透视图像还常用于室内定位、农业机械化等领域。

图 4-15　逆透视图像可以还原真实世界平面特征

第 5 章　单目视觉测距

单目视觉测距在无人驾驶智能车中应用比较多，例如，停止线的测距、行人、车辆，以及各种障碍物的测距。目前常用的单目视觉测距方法有三种：一是建立映射关系表，将图像中每行像素与实际距离建立一个一一对应的映射表，这种办法距离越远误差越大；二是基于几何关系的距离计算方法，也可以称为基于棋盘格图像摄像机标定法，该方法需要摄像机的俯仰角、高度，以及摄像机的内部参数，通过公式计算距离；三是基于逆透视变换的平面测距方法，该方法是利用逆透视变换得到俯视图像（鸟瞰图像），根据俯视图像像素与距离的线性关系计算图像中目标的实际距离。

5.1　基于映射关系表的单目视觉测距

基于映射关系表的测距方法最简单，但是工作量却不小，并且其误差随距离越远越大，因此在智能车视觉测距中很少用，但是很多安全辅助系统产品却是使用的这种方法，原因就是很简单并且在近处的测距误差很小。

基于映射关系表的测距方法一般采用等距标记法，就是在图像中标一组等距的直线，建立一张图像像素坐标与现实距离的映射表。

5.1.1　方法的实现

等距标记的操作步骤：固定摄像头；在摄像范围内进行等距标记，间距可视情况而定，理论上是间距越小越精确；找出每个标点的像素坐标及其实际距离；建立映射表。

基于映射关系表的测距方法具体实现如下。

（1）用摄像机捕获一张图像，如图 5-1 所示。

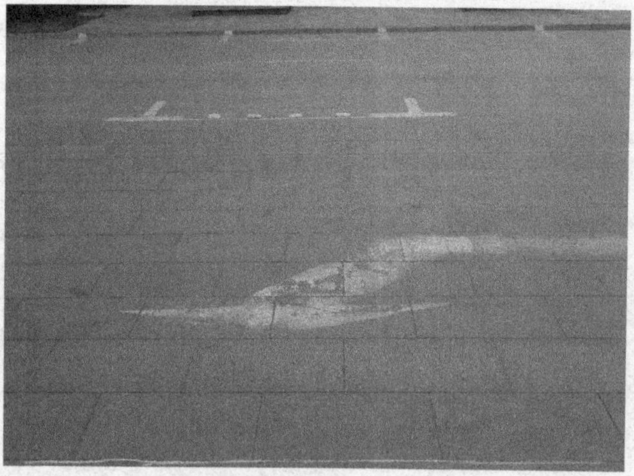

图 5-1　摄像机捕获的图像

（2）等距标记，红色线间距为 30cm，由近及远是越来越密，如图 5-2 所示。

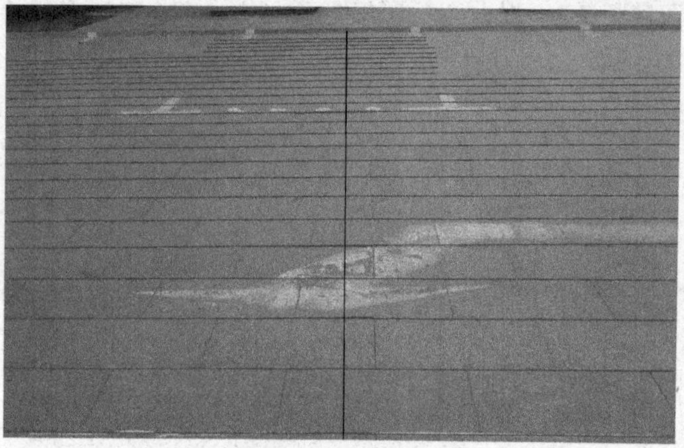

图 5-2　进行等距标记

（3）建立映射表，其中图像的坐标原点是左上角，所以像素行越小则距离摄像机越远，反之越大，如表 5-1 所示。

（4）映射表的使用

设目标线在图像中的像素位置为第 j 行像素，且 $k_1 \leqslant j \leqslant k_2$ 则

$$L_j = L_{k_1} - \frac{(L_{k_1} - L_{k_2})}{k_1 - k_2} \cdot (j - k_1)$$

表 5-1　像素与距离的映射关系表

像素行	距初始线距离（mm）	距摄像机水平距离	像素行	距初始线距离（mm）	距摄像机水平距离
0	∞	∞	471	3600	4880
140	7500	8780	517	3300	4580
158	7200	8480	569	3000	4280
173	6900	8180	624	2700	3980
191	6600	7880	693	2400	3680
210	6300	7580	769	2100	3380
230	6000	7280	852	1800	3080
250	5700	6980	954	1500	2780
274	5400	6680	1076	1200	2480
302	5100	6380	1221	900	2180
326	4800	6080	1397	600	1880
360	4500	5780	1625	300	1580
395	4200	5480	1915	0	1280
433	3900	5180			

从公式可以看出等距标记的映射表是一种稀疏表示，可以减少标记数据，以及遍历查找时间。使用时先判断目标在像素行的哪个间距中，然后在其基础上求出该间距的平均值，最后通过加法求得其实际距离，计算简单。

5.1.2　实验结果

通过一组实验对这种测距方法进行分析，如表 5-2 所示是一组实验数据，通过实验结果发现：距离越远误差越大，反之越小。

表 5-2　等距标记法的实验结果

编号	像素行数	实际距离（mm）	计算距离（mm）	误差（%）
6	188	6690	7930	18.5
5	210	6390	7580	18.6
4	381	5190	5600	7.8
3	475	4590	4853	5.7
2	742	3390	3486	2.8
1	1205	2190	2213	1.05
0	1911	1280	1284	0.3
备注：平均误差 7.8%				

5.1.3 等距标记的优缺点

基于映射关系的测距方法有很多，最有代表的是等距标记的测距方法，我们通过其实现方法和实验结果可以发现其有着很多优点：与摄像机无关，不需要知道摄像机的内部参数；针对停止线测距情况，实用性较大；操作简单，理论浅显易懂。

当然，这种测距方法也存在一些缺点：摄像机位置若发生改变，则映射关系也得改变，就需重新进行标记；标记过程需人工操作，可能会存在较大操作性误差；越远处，误差越大。

5.2 基于几何关系的距离计算方法

基于几何关系的距离计算方法，也可以称为基于棋盘格图像摄像机标定法，该方法需要摄像机的俯仰角、高度，以及摄像机的内部参数，通过公式计算距离。

5.2.1 方法的实现

基于几何关系的距离计算方法的实现步骤：首先通过棋盘格对摄像机进行标定获取摄像机的内参数；测量摄像机的高度和俯仰角；根据几何关系公式计算距离。其中摄像机的高度和俯仰角都可以直接测量或通过公式反推出来。下面主要介绍摄像机标定的实现，以及几何关系公式的推算。

1. 基于棋盘格图像摄像机标定法

（1）摄像机的参数

摄像机的参数分为内参数和外参数，具体内容如下。

摄像机内参数：主点（图像帧存的中心点）、实际焦距、镜头畸变（径向镜头畸变和切向镜头畸变）以及系统计算误差参数等。

摄像机外参数：将给出摄像机坐标相对于世界坐标系的位置和方向，即摄像机相对于外部世界坐标的方位。如旋转参数和平移参数。

本方法中只用到摄像机的内参数。

（2）摄像机成像过程及涉及的坐标系

摄像机光学成像过程的四个步骤如图 5-3 所示。

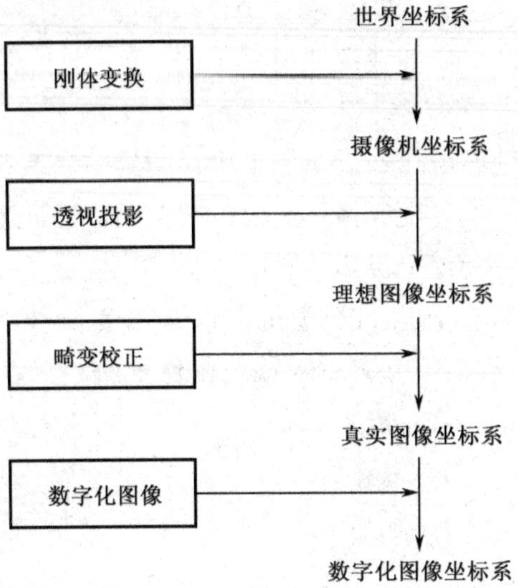

图 5-3　摄像机光学成像过程

通过图 5-3 可以知道摄像机光学成像过程中分别涉及到了世界坐标系、摄像机坐标系、理想图像坐标系、真实图像坐标系，以及数字化图像坐标系。可以将涉及的坐标系分为世界坐标系 O_W 、摄像机坐标系 O_C 、物理坐标系 xoy 和像素坐标系 uov ，其关系如图 5-4 所示。

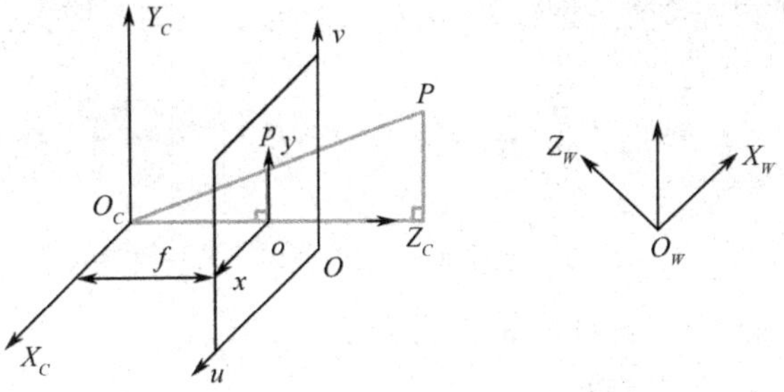

图 5-4　世界、摄像机、物理、像素坐标系的关系图

①世界坐标系—摄像机坐标系。

从图 5-4 中可知世界坐标系与摄像机坐标系的转换关系为

$$\begin{bmatrix} X_c \\ Y_c \\ Z_c \\ 1 \end{bmatrix} = \begin{bmatrix} R & T \\ 0^T & 1 \end{bmatrix} \begin{bmatrix} X_W \\ Y_W \\ Z_W \\ 1 \end{bmatrix}$$

R 和 T 分别为从世界坐标到摄像机坐标系的旋转变换系数和平移变换系数，反映的是摄像机坐标系与世界坐标系之间的位置关系，因此称为外参数。

②摄像机坐标系—物理坐标系。

摄像机将三维空间点 P 经过摄像机中心 C 投影到像平面上为点 p，其中点 p 为摄像机中心 O_C 和三维空间点 P 的连线与图像平面的交点，如图 5-5 所示。

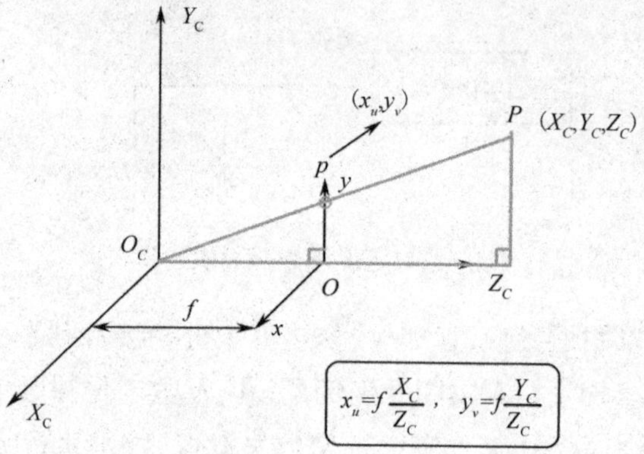

图 5-5　摄像机坐标系与物理坐标系

通过图 5-5 可以得到物理坐标系与摄像机坐标系的对应关系，即

$$x_u = f\frac{X_c}{Z_c}, y_v = f\frac{Y_c}{Z_c} \Rightarrow p = \begin{bmatrix} x \\ y \\ 1 \end{bmatrix} = \begin{bmatrix} X_c / Z_c \\ Y_c / Z_c \\ 1 \end{bmatrix}$$

其中，(X_C, Y_C, Z_C) 是点 P 在摄像机坐标系中的三维坐标，(x_u, y_u) 是针孔摄像机模型下 p 点的物理图像坐标，单位为 mm。

③物理坐标系—像素坐标系。

令 p 为归一化的理想物理坐标，相当于摄像机的焦距 f 为 1，即物理坐标系原点在图像的中心，如图 5-6 所示。

从图 5-6 中可以得到图像物理坐标与像素坐标之间的关系为

$$u = s_x \cdot x_u + u_0$$

$$v = s_y \cdot y_u + v_0$$

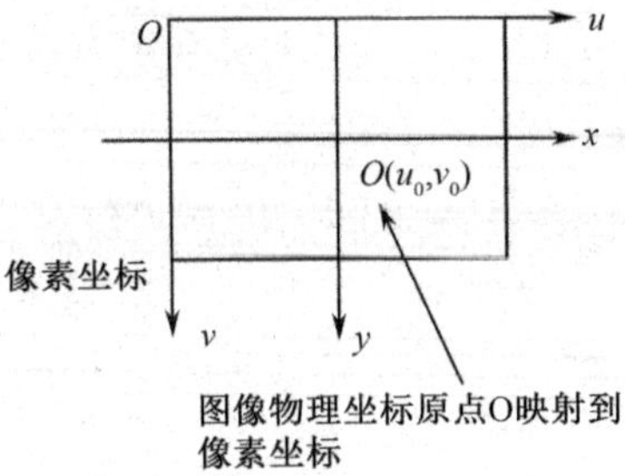

图 5-6　物理坐标系与像素坐标系

其中 S_x，S_y 为 x、y 轴的畸变因子，则图像点的像素坐标 m 与规一化图像坐标 p 之间的关系以齐次坐标表示为（其中 S 为畸变因子）

$$m=\begin{bmatrix}u\\v\\1\end{bmatrix}=\begin{bmatrix}f_u & s & u_0\\0 & f_v & v_0\\0 & 0 & 1\end{bmatrix}\begin{bmatrix}X_c/Z_c\\Y_c/Z_c\\1\end{bmatrix}=Kp$$

（3）摄像机内参数求解

根据上述的坐标系关系推导，最终得到世界坐标与像素坐标之间的关系如图 5-7 所示。

$$\begin{bmatrix}X_C\\Y_C\\Z_C\\1\end{bmatrix}\begin{bmatrix}R & T\\0^T & 1\end{bmatrix}\begin{bmatrix}X_{1r}\\Y_{1r}\\Z_{1r}\\1\end{bmatrix}\quad + \quad m=\begin{bmatrix}u\\v\\1\end{bmatrix}=\begin{bmatrix}f_u & s & u_0\\0 & f_v & v_0\\0 & 0 & 1\end{bmatrix}\begin{bmatrix}X_C|Z_C\\Y_C|Z_C\\1\end{bmatrix}=Kp$$

$$\Downarrow$$

$$Z_C\begin{bmatrix}u\\v\\1\end{bmatrix}=\begin{bmatrix}f_u & s & u_0\\0 & f_v & v_0\\0 & 0 & 1\end{bmatrix}\begin{bmatrix}1 & 0 & 0 & 0\\0 & 1 & 0 & 0\\0 & 0 & 1 & 0\end{bmatrix}\begin{bmatrix}X_C\\Y_C\\Z_C\\1\end{bmatrix}=\begin{bmatrix}f_u & s & u_0 & 0\\0 & f_v & v_0 & 0\\0 & 0 & 1 & 0\end{bmatrix}\begin{bmatrix}R & T\\0^T & 1\end{bmatrix}\begin{bmatrix}X_{1r}\\Y_{1r}\\Z_{1r}\\1\end{bmatrix}$$

$$=M_1M_2X=MX$$

摄像机参数矩阵

图 5-7　坐标系齐次坐标推导过程

在后续的设计中考虑的是线性摄像机成像，故将畸变因子 S 去除，可得到摄像机内参数 K 的公式为

$$K=\begin{bmatrix}f_u & 0 & u_0\\0 & f_v & v_0\\0 & 0 & 1\end{bmatrix}$$

（4）摄像机标定的实现

通过摄像机标定可以获取摄像机的内外参数。摄像机标定的方法很多，基于各

个方法的特点，我们采用的是张正友平面棋盘标定方法，之前在标定的章节已经介绍，这里主要介绍实现的过程。

张正友平面棋盘标定方法：张正友的平面棋盘标定方法是介于传统标定方法和自标定方法之间的一种方法。它既避免了传统方法设备要求高，操作烦琐等缺点，又较自标定方法精度高。具体实现可以参考 http：//www.vision.caltech.edu/bouguetj/calib_doc/。

采集棋盘格图像，要求采集棋盘格各个角度和方位的图像，如图 5-8 所示，但数量需要在 30 张左右。

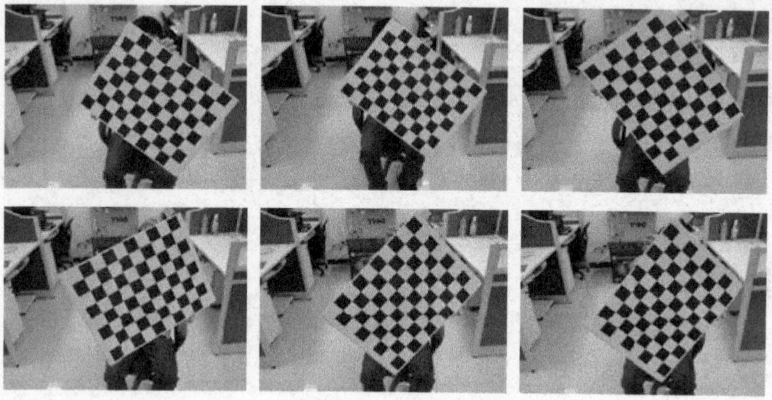

图 5-8　采集不同方位和角度的棋盘格标定板图像

采集完所需要的图像后，进行角点检测并且根据上述推导公式求解摄像机内参数矩阵。角点检测如图 5-9 所示。

图 5-9　角点检测以及求解内参数矩阵

摄相机内参数矩阵 K 为

$$\begin{bmatrix} f_u & 0 & u_0 \\ 0 & f_v & v_0 \\ 0 & 0 & 1 \end{bmatrix}$$

通过摄像机标定获得摄像机内参数矩阵为

$$\begin{bmatrix} 2377.82 & 0 & 1291.46 \\ 0 & 2374.29 & 940.19 \\ 0 & 0 & 1 \end{bmatrix}$$

2. 几何模型和公式推导

（1）距离测量几何模型

根据摄像机成像原理，以及摄像机与路面的关系建立了图像像素坐标系与世界坐标距离的几何模型，如图 5-10 所示。

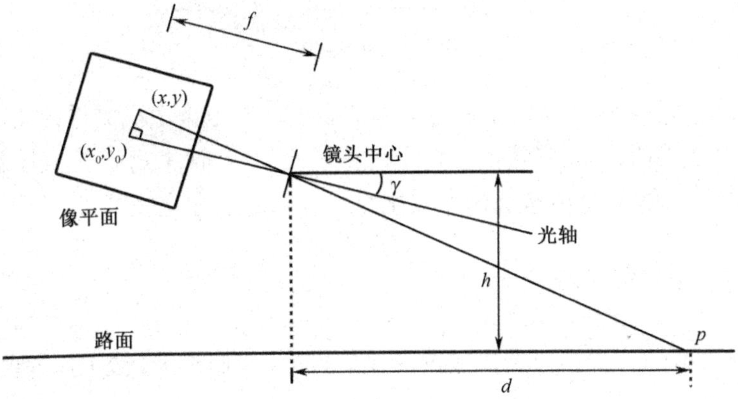

图 5-10　距离测距几何模型

通过图 5-10 的几何模型可以推导出像素坐标与世界坐标距离关系式为

$$d = \frac{h}{\tan(\gamma + \arctan(\frac{y_0 - y}{f}))}$$

（2）距离测量公式转换

已知像素坐标与世界坐标距离关系式为

$$d = \frac{h}{\tan(\gamma + \arctan(\frac{y_0 - y}{f}))}$$

且知

$$v = \frac{y}{dy} + v_0$$

所以得

$$y = (v - v_0) \cdot dy$$

又知 $y_0 = 0$，所以易得

$$d = \frac{h}{\tan(\gamma + \arctan(\frac{-(v - v_0)}{f} \cdot dy))}$$

又因为 $f_v = \frac{dy}{f}$，所以最终可得距离公式为

$$d = \frac{h}{\tan(\gamma + \arctan(\frac{-(v - v_0)}{f_v}))}$$

在公式的参数中，h 是摄像机距地面的高度，γ 是摄像机的俯视角，均可通过测量获得。v 是图像中的像素行，v_0 是图像平面的 y 轴主点，f_v 是图像平面的 y 轴方向焦距。v_0 和 f_v 是摄像机的内部参数，可以通过标定获得。

5.2.2 实验与结果分析

根据上一节的公式推导及摄像机内参数标定，我们根据数据的已知情况进行了两个实验并进行结果分析。其中实验一是已知摄像机内参数、摄像机高度，以及俯视角；实验二是已知摄像机内参数、摄像机高度但不知道俯视角，通过测量真实距离反推算俯视角。

（1）实验一

已知摄像机内参数、摄像机高度及俯视角。用摄像机捕获一张图片，然后使用卷尺测量图像中每条红线处距离摄像机的实际距离及像素行数，如图 5-11 所示。

已知摄像机的高度、俯视角、内参数，以及红线所在的图像中的像素行数，即可通过距离公式得到计算距离，结果如表 5-3 所示。

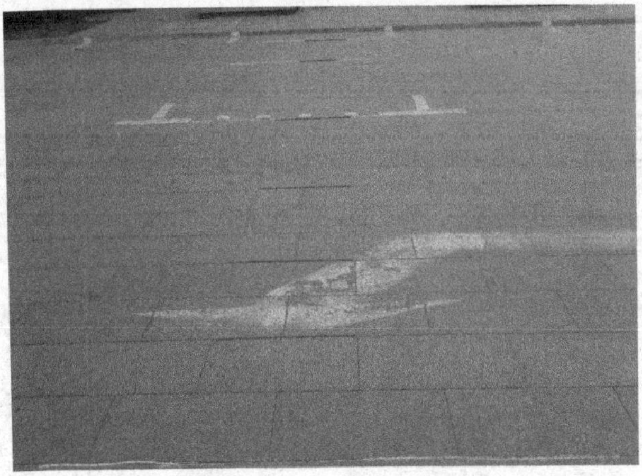

图 5-11　实验一的测试图像

表 5-3　实验一的结果

编号	离图像底端的像素行数（px）	实际距离（mm）	计算距离（mm）	误差（%）
1	26	1280	1212.17	5.2
2	547	1880	1825.93	2.8
3	870	2480	2429.34	2
4	1179	3380	3328.88	1.5
5	1471	4880	4787.28	1.9
6	1715	7280	7101.56	2.4
7	1800	8780	8426.93	4
备注：平均误差为 2.8%，高度 h=1500(mm)，俯视角为 30°				

通过对实验一中的误差分析发现：

当高度、角度确定时，近距离和远距离的测量误差较大，离主点（中间）越近的误差越小。

（2）实验二

已知摄像机内参数、摄像机高度但不知俯视角，通过测量真实距离反推算俯视角。用摄像机捕获一张图片，然后测量图像中红线处距离摄像机的实际距离，如图 5-12 所示。

求角度（俯视角）。当高度确定而角度不确定时，需用公式反推求出角度大小，即

$$\gamma = \arctan\frac{h}{d} - \arctan\frac{-(v - v_0)}{f_v}$$

图 5-12　实验二的测试图像

其中，d 为 v 对应的实际距离，以下表中标红色的像素值为公式中的 v。

根据上述公式可以看出俯视角的计算只需要测量图像第 v 行像素所对应的真实距离 d 即可，那么如何选取 v 和 d 的值呢？是选一个数据进行反推计算，还是选一组数据或者平均值呢？我们为了更好的分析结果，做了一组实验，分别是以离相机较近的线为基准、以近中远三处平均值为基准、以全部平均值为基准。具体的实验结果如表 5-4、表 5-5 和表 5-6 所示。

表 5-4　反推求角度 1（离相机较近的线为基准）

编号	像素行数（px）	实际距离（mm）	计算距离（mm）	误差（%）
1	15	2170	2139.84	1.4
2	265	2770	2758.01	0.4
3	497	3670	3740.89	1.9
4	543	3970	4021.81	1.3
5	639	4570	4764.07	4.2
6	703	5170	5427.48	4.5
7	759	5770	6176.34	7
8	843	6970	7776.65	11.6
俯角：4.7817660446，H=1250mm，K=2170mm，平均为 4.0375				

表 5-5　反推求角度 2（近、中、远为基准）

编号	像素行数（px）	实际距离（mm）	计算距离（mm）	误差（%）
1	15	2170	2122.61	2.2
2	265	2770	2732.33	1.4
3	497	3670	3697.44	0.7
4	543	3970	3972.3	0.1
5	639	4570	4696.5	2.8
6	703	5170	5341.24	3.3
7	759	5770	6066.17	5.1
8	843	6970	7605.29	9.1
俯角：4.7817660446，*H*=1250mm，*K*=2170mm，平均 3.0875				

表 5-6　反推求角度 3（整体平均值）

编号	像素行数(px)	实际距离（mm）	计算距离（mm）	误差（%）
1	15	2170	2106.60	0.3
2	265	2770	2708.53	0.2
3	497	3670	3657.38	0.3
4	543	3970	3926.74	1.1
5	639	4570	4634.56	1.4
6	703	5170	5262.45	1.8
7	759	5770	5965.93	3.4
8	843	6970	7462.60	7.1
俯角：5.174101054532148，*H*=1250mm，*K*=2170mm，平均 1.95				

通过对实验二中的误差分析发现：v 值附近的误差很小，离 v 越远误差越大；利用图像的多处位置的坐标求平均角度，可以保证整体误差较小；当所需测量的距离较小时，利用图像的上中下三处位置坐标求平均角度，也能保证误差较小。

5.3　基于逆透视变换的平面测距方法

在本书的第 2 章介绍了逆透视变换的原理和标定方法，以及逆透视图像的特点。我们知道逆透视图像是对摄像机拍摄的图像中某一个平面的呈像，如路面，该图像是真实世界某一平面的一种线性反映。逆透视图像（鸟瞰图或俯视图）理论上与真实平面具有严格的线性关系，即鸟瞰图像中每一个像素块（$1\text{pix}\times1\text{pix}$）对应

的实际面积都是相等的，或者说鸟瞰图像的某两点间的距离与真实世界平面中对应的两点的距离存在以下关系，即

$$D_{AB} = k \cdot d_{ab}$$

其中，D_{AB} 表示的是真实世界平面上点 A 与点 B 之间的欧式距离，单位一般取厘米（cm），d_{ab} 表示的是真实世界平面点 A 和点 B 在鸟瞰图像中对应的点 a 和点 b 之间的欧式距离，单位是像素（pix），而 k 则是鸟瞰图像与真实世界平面的关系系数，单位是 cm/pix。

在实际智能车应用中，由于摄像机安装在车内，摄像机的视野受限一般都会有视野盲区，如图 5-13 所示的示意图，车内摄像机能看到最近的点是 A 点，而 A 点距离车头还有一个距离 K，所以在测距是需要考虑到盲区的距离 K。

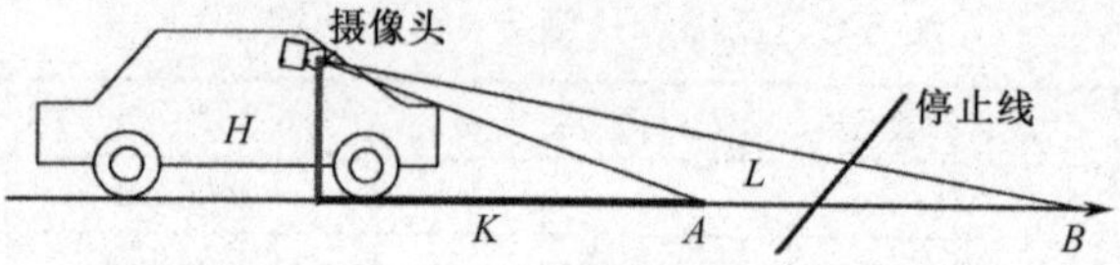

图 5-13 车内摄像机的远近视野示意图

将盲区距离 K 考虑进去之后，那么逆透视图像中某一行的像素目标（如停止线）与车头的距离计算公式为

$$D = K + kd$$

其中，D 是停止线与车头的距离；K 是摄像机的盲区距离，可以通过实验进行测量得到；而 k 就是真实世界平面与逆透视图像平面的比例系数；d 是停止线所在逆透视图像的位置与图像最底端的像素距离，如图 5-14 所示。

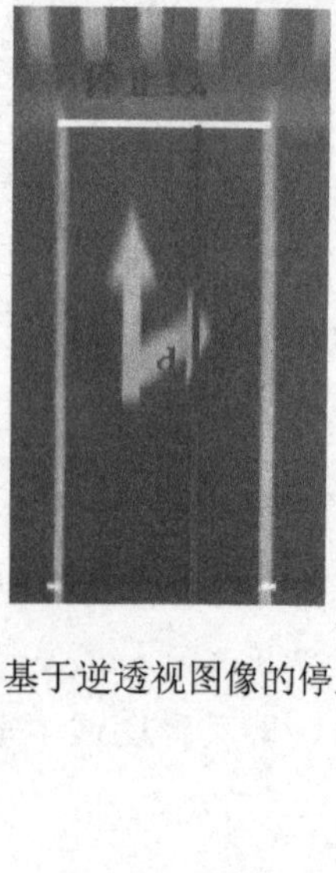

图 5-14 基于逆透视图像的停止线测距

第 6 章　车道线检测与跟踪

6.1　车道线检测方法

车道线检测就是通过车载摄像机对捕获的图像进行处理，从图像中提取出车道线信息。车道线检测经常应用于一是先进驾驶辅助系统（Advanced Driver Assistance Systems，ADAS），如自适应巡航（Adaptive Cruise Control，ACC）、车道偏离预警（Lane Departure Warning，LDW）、车道保持等；二是无人驾驶智能汽车视觉导航。实时性、鲁棒性和准确性是车道线检测研究的目标，其中无人驾驶智能汽车视觉导航对车道线检测的实时性、鲁棒性和准确性要求最高。目前车道线检测的方法按照是否利用逆透视图像（鸟瞰图像）检测分为基于透视图像的车道线检测方法和基于逆透视图像的车道线检测方法。

6.1.1　车道线特性及类型

由于道路类型的不同，车道线也是有所不同的，如高速公路和城市道路中车道线的规格标准就是不一样的。在车道数量上一般高速公路都是三车道或者双车道，而城市道路情况比较多，单车道、双车道、三车道甚至四车道都有。根据《道路交通标志和标线》（GB 5768.3-2009）和《公路交通标志和标线设置规范》（JTG D 82-2009）规定：车道线可分为实线和虚线、单线和双线，颜色有白色和黄色两种，如图 6-1 所示，具有规格如下。

单黄实线、单黄虚线的宽度应为 15cm，特殊情况下可降至 10cm。

单黄虚线的线条长度应为 4m，空白段长度应为 6m。

黄色虚实线、双黄实线的净距宜为 15～30cm，根据公路的设计速度和路面宽度确定。当双黄实线净距大于 50cm 时，应用黄色斜线或其他设施填充两条黄实线间的部分，黄色斜线填充线线宽应为 45cm，间隔应为 100cm，倾斜角度为 45°。

白色虚线、白色实线的宽度应为 10～15cm，根据公路的设计速度和路面宽度确定。二级及二级以上的公路白色虚线的线条长度应为6m，空白段长度为9m；其他公路白色虚线的线条长度应为2m，空白段长度应为4m。

图6-1 各种车道线类型

6.1.2 国内外近年研究成果

现有的车道线检测方法有很多，但是没有哪种方法可以适应所有的情景，根据不同的应用、道路、环境提出了不同的检测方法。车道线检测方法有很多分类的方法，从应用上分有安全辅助和智能车视觉导航，从道路结构类型上分有结构化道路（高速公路）和半结构化道路（城郊道路），从车道线类型上分有直道和弯道，从环境复杂度上分有简单道路和复杂道路，从车道数量上分有单车道和多车道。此外，还有基于模型和基于逆透视变换（IPM）的车道线检测方法。

早期的车道线检测方法偏向于汽车在安全辅助系统的应用，一般都是基于某些简单透视模型的简单道路中的单车道直线检测，如高速公路。近年来，车道线检测研究偏重于智能车视觉导航的应用，对检测算法的鲁棒性、实时性要求更严格，往往都是针对城市道路进行测试，道路环境复杂，很难建立有效的模型，由于智能车视觉导航需要计算出车道线与车辆的精确相对位置，所以大部分算法都采用了逆透视变换。

结构化道路上的车道线检测算法比较成熟，刘欣等人提出的一种基于视觉长距离预测的车道线检测方法已经在无人驾驶智能车平台得到验证。针对半结构化道路环境，陈培等人提出了一种复杂环境中的车道线检测方法，该方法对复杂环境（如阴影、雨天、夜晚、山的影响）有一定鲁棒性，但是还没有解决逆光带来的影响。

6.1.3　车道线检测的难点

车道线检测是一个很难的研究课题，尽管现在已提出很多各种各样的算法，但都是针对具体特定车道环境设计提出的。如图 6-2 所示，车道线检测研究困难的原因主要有以下几个。

车道线质量差，车道线已经磨损、污迹遮挡，甚至有的车道因修路或者施工，没有车道线。

车道线特征不明显，由于各城市各路段的车道线标准不一，车道宽度、车道线宽度、车道线颜色等都不尽相同。

光照变化影响，不同季节不同时刻及车辆的不同姿态，路面受光照影响都是不一样的，经常出现道路反光，路面图像一片亮白，桥底、隧道，以及夜晚光线特别暗无法看清车道线。

恶劣天气影响，在雨雪天气道路积水积雪，车道线被盖住。

各种遮挡，如车辆、阴影、光斑、栏杆等。

图 6-2　车道线检测的困难

6.1.4　自适应二值化算法

在车道线检测预处理阶段都会对图像进行二值化处理以便后续的特征提取，一个好的二值化算法可以获得一个很好的二值化效果，二值化的目的是对原始图像进行分类处理，将车道线信息保留而干扰信息去除。在上一小节中介绍了车道线检测的难点，我们知道实际的路况往往很复杂，尤其是光照和阴影对二值化处理带了很大的挑战，因此我们需要设计一个鲁棒的二值化算法。接下来我们将介绍一种我们在无人驾驶智能汽车项目中使用的自适应二值化算法——AT4LD 算法。

AT4LD 是 Adaptive Threshold for Lane Detection 的简称，就是一种专门为车道线检测设计的一种自适应算法。

（1）AT4LD 的核心思想

AT4LD 的核心思想是在实际道路中，不管是否受光照和阴影的影响，车道线部分的灰度亮度都会比其周边的部分亮，只是对比度强弱不同而已，将以三维的形式呈现一幅图像，如图 6-3 所示。

图 6-3　灰度图像的三维形式的图像

通过图 6-3 发现，车道线部分的灰度值明显突出，形成小波峰，因此我们对道路图像的灰度图像的某一行灰度值进行二维呈现，如图 6-4 所示。

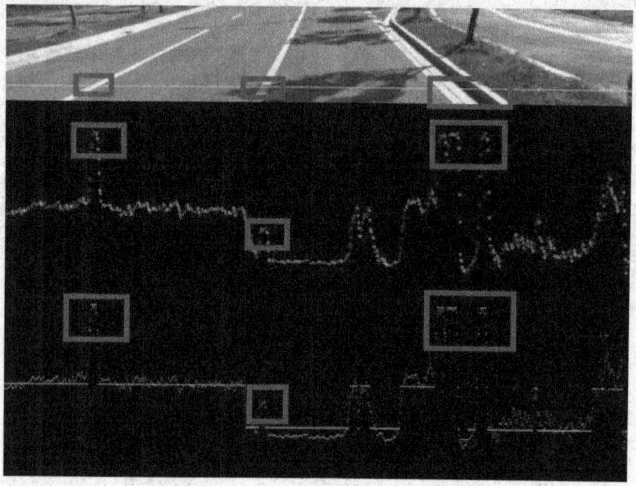

图 6-4　灰度图像某一行的二维呈现

观察上图可以发现，车道线部分（红色框部分）的值比其两边的值要高，形成一个波峰，这就是车道线一个显著特征。仔细观察可以发现车道线部分的灰度值具有以下特点。

①以波峰的形式存在，其值比两侧的高。

②车道线附近平均灰度值高，那么其峰顶值与平均值相差较大，反之较小。

③车道线具有一定粗细，因此其波峰宽度是一定的。

④车道线部分的灰度值由左往右是先升后降。

根据以上几点特点，我们可以很容易把一行中车道线所在的部分提取出来做局部二值化。对每一行都这样，那么全幅图像的车道线部分都可以分离出来。

（2）AT4LD 的实现步骤

根据上述的基本思想，利用相邻像素点的变化，来判断车道线的边缘点，再通过边缘点计算波峰的宽度，根据波峰的高度和宽度进行判断是都是车道线，最后进行腐蚀膨胀消除干扰信息，具体实现步骤如下。

步骤 1：求第 k 行的第 i 列的像素附近的平均值 $\text{avg}V_i$，即

$$\text{avg}V_i = \frac{1}{5}\sum_{x=-2}^{x=2} f(i+x,k)$$

其中，$k \in [0, h-1]$，$i \in [2, w-2]$。

步骤 2：求第 k 行的所有像素值的平均值 $\text{avg}V$，即

$$\text{avg}V = \frac{1}{w}\sum_{i=0}^{i=w-1} f(i,k)$$

步骤 3：求 $f(i,k)$ 的梯度阈值 ΔT，即

$$\Delta T = T - (\text{avg}V_i - \text{avg}V)^2$$

其中，T 是路面与车道线的灰度梯度，T 是一个变化值，其与路面和车道线涂料的材质新旧有关，与光照程度有关，则

$$T = \text{avgM}ax - avgV$$

其中，avgMax 是高亮区的平均值，反映的是车道线正常光照下的平均灰度值，其计算是通过去除小于 $\text{avg}V + \varepsilon$，求剩余灰度值的平均值，多次迭代得到的一个结果，具体不详述。

步骤 4：判断点 $P(i,k)$是否是车道线的边缘点，其中边缘点分为上升沿点和下降沿点，具体计算公式为

$$\text{result}=\begin{cases}1, & f(i+2,k)-f(i,k)\geqslant \Delta T\\ -1, & f(i+2,k)-f(i,k)\leqslant -\Delta T\\ 0, & else\end{cases}$$

其中，result=1 表示点 $P(i,k)$是上升沿点，result=−1 表示点 $P(i,k)$是下降沿点，而 result=0 表示非边缘点。

步骤 5：计算相邻的上升沿点和下降沿点的水平距离，即波峰的宽度 peak_W，当宽度满足车道线的宽度时则将这两点间的像素的值置成 255，否则是零。直到每一行都处理完毕则结束。

（3）AT4LD 的实验结果与分析

根据上述算法实现步骤进行实验，关键步骤的实验结果如图 6-5、图 6-6、图 6-7 和图 6-8 所示。

图 6-5 图像中某一行像素

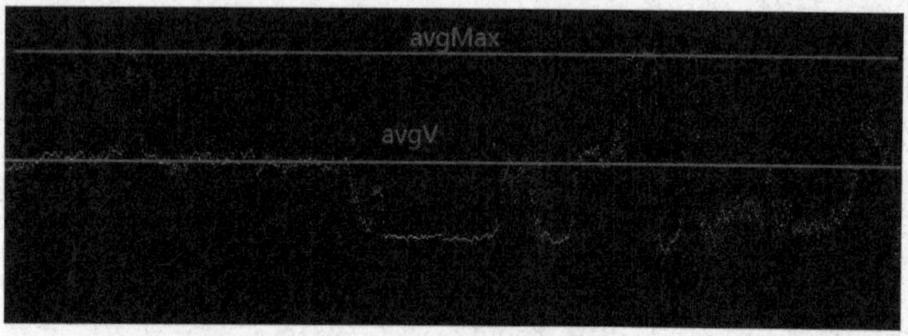

图 6-6 计算某行像素灰度值的平均值和最大平均值

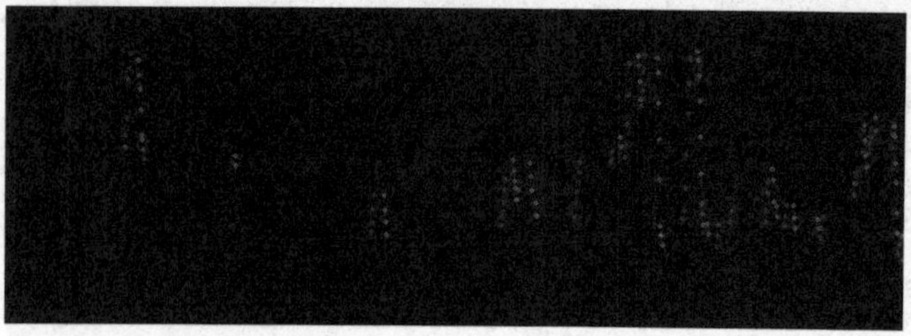

图 6-7 提取上升沿点和下降沿点

图 6-8　AT4LD 阈值处理结果

通过图 6-8 的结果发现，该自适应二值化算法并不是很理想，但是其思想是对的，具体实现起来还是有一点困难，所以在实际项目中，往往不采用二值化处理，而是直接提取车道线的边缘，然后再做直线检测等步骤。利用该方法的核心思想，提取的边缘结果如图 6-9 所示。

图 6-9 根据 AT4LD 思想实现的边缘提取结果

通过上图可以发现利用该方法提取车道线边缘效果比较好，对阴影及光照不均匀等情况下鲁棒性较高。

6.2　基于透视图像的检测方法

6.2.1　透视模型

当车辆在行驶过程中，车载摄像机获取的图像属于透视图像，如图 6-10 所示是车道线的透视图像，将其简化得到车道线的透视模型如图 6-11 所示。

图 6-10　车道线的透视图像

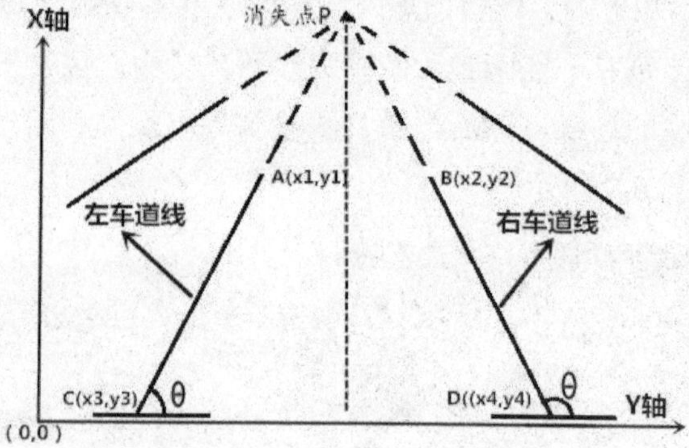

图 6-11　车道线的透视模型

在车道线的透视模型中直线 AC 和 BD 分别表示最近的左车道线和右车道线，θ 表示车道线的水平夹角，P 为消失点。

根据车道线的透视模型可以得出结论 1：当车道线保持平行时，透视图像中所有车道线的延长线必交于一点，该点称为消失点。

该结论在车道线检测时非常有用，有些车道线检测算法就是基于消失点的。假设 $f_1(x)$ 、$f_2(x)$ 、$f_3(x)$ 表示 3 条平行的车道线，则方程 $f_1(x)-f_2(x)=0$ 与方程 $f_1(x)-f_3(x)=0$ 有且只有唯一相同解。推广有 $f_1(x)$、$f_2(x)$、$f_3(x)\cdots f_n(x)$ 表示 n 条平行的车道线，则方程 $f_i(x)-f_j(x)=0$ 与方程 $f_i(x)-f_k(x)=0$ 有且只有唯一相同解，其中 i、j、$k=1,2,3\cdots n$ 。

根据车道线的透视模型可以得出结论 2：当车道线保持平行时，透视图像中所有的车道线的水平夹角 θ 均不相同，并且根据 θ 的大小可以判断车道线与车辆的姿态位置：

当 $\theta=0^\circ$ 或 $\theta=180^\circ$ 时，车道线在车辆的前方并与车辆行驶方向垂直。

当 $0^\circ<\theta<90^\circ$ 时，车道线在车辆的左侧，θ 越小车道线离车辆越远。

当 $\theta=90^\circ$ 时，车道线与车载摄像机的中轴线重合。

当 $90° < \theta < 180°$ 时，车道线在车辆的右侧，θ 越大车道线离车辆越远。

基于透视图像的车道线检测的优缺点如下。

目前，车道线检测可以分为基于透视图像和基于逆透视图像的检测方法，各有千秋，大部分的车道线检测常常使用的都是基于透视图像的检测方法，而在无人驾驶智能车的实际应用中开发人员偏向于基于透视图像的检测方法。在这一部分中，我们着重讨论基于透视图像的车道线检测方法的优缺点，而基于逆透视图像的优缺点将在下文详述。

（1）基于透视图像的车道线检测的优点

透视图像就是摄像机获取的原始图像，因此这种方法不需要对原始图像进行转换，以及摄像机标定等复杂步骤，这对刚研究车道线检测的入门者来说是一件好事情，起点低，这也是为什么很多论文都是采用这种方法。

透视图像中的信息量较大、视野宽阔，将所有的路面信息都包括进来了，有利于多车道线检测及远处的车道线检测。一般透视图像最少可以看到车辆本车道左右两侧的车道，同时能看到 50 米以外的车道线，在车道检测中很有优势。

根据上文中的车道线透视模型可知，一般情况下，可以通过角度来判断车道线在车辆的左侧还是右侧，当 $0° < \theta < 90°$ 时，车道线在车辆的左侧，当 $90° < \theta < 180°$ 时，车道线在车辆的右侧。知道了车道线左右位置，那么滤除很多干扰信息，如检测到的某条直线的角度判断是左侧车道线，但是却在透视图像的右半部分，那么就可以确定该直线不是车道线。

（2）基于透视图像的车道线检测的缺点

透视图像最大的缺点就是不能真实反映现实世界物体的原型，例如，车道线在真实世界中是平行的但在透视图像中却是相交的，现实世界的矩形而透视图像中却显示为梯形。

正因为透视图像的透视效果，让图像中近端车道线粗远端细，近端车道宽而远处窄，这使得无法使用车道线的一些形状特征，例如，车道线的粗细一定，长度大于一定值。同时也无法利用车道宽度去对车道线进行过滤。

透视图像具有非线性，虽然可以判断车道线的左右，但是无法精确定位车道线与车辆之间的位置关系，如左右偏移量、倾斜角度和远近距离等，这也就是为什么在实际无人驾驶智能车中很少使用这类方法进行车道线检测的原因，因为车道线检测的最终目的是为了获取车道线与车辆的精确位置关系，否者就没有意义。

6.2.2　一种基于透视图像的车道线检测方法

虽然基于透视图像的车道线检测方法有很多的缺点，但并不代表着这类检测方法没有研究价值和使用价值。车道线检测方法根据具体应用需求不一样方法也不一样。虽然基于透视图像的车道线检测方法不太适合无人驾驶智能车的视觉导航，但却常常被用于车道线偏离预警系统中。此外，任何事物都具有两面性，做科学研究也一样，我们可以充分发挥基于透视图像检测方法的优点，先对透视图像进行车道线检测，并且提取车道的虚拟中心线，最后转换成世界坐标平面以达到无人驾驶智能车视觉导航的要求，如图 6-12 所示。

图 6-12　三步骤：检测、计算中心线、坐标转换

如图 6-12 所示是这类方法在无人驾驶智能车视觉导航中的流程，在本小节中，我们将只介绍车道线检测部分，后两部分将在其他章节中详述。

根据无人驾驶智能车视觉导航的实际要求和真实环境，介绍一种基于透视图像的车道线检测方法，该检测方法的流程图如图 6-13 所示。

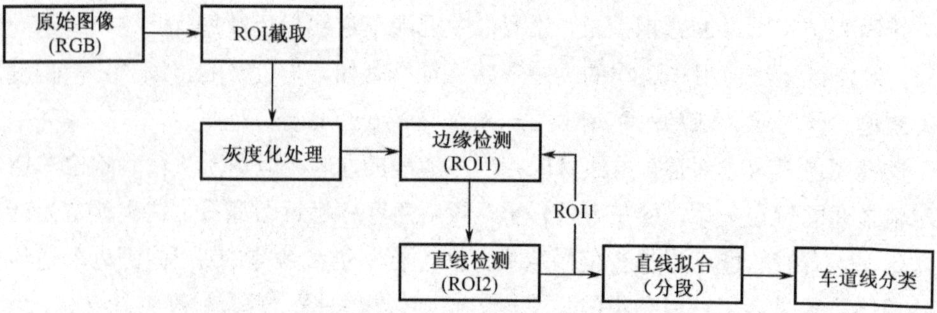

图 6-13　基于透视图像的车道线检测方法流程图

（1）原始图像的获取与 ROI 设置

由于摄像机获取的原始图像往往比较大，不相关信息也比较多，所以需要通过对摄像机进行 ROI 设置或者获取原始图像后通过程序进行裁剪，本书所做实验平台使用的摄像机具有 ROI 设置等功能，设置 ROI 后获取的图像如图 6-14 所示。

图 6-14　使用摄像机设置 ROI 获取的图像

（2）对图像进行灰度处理

采用公式 $Gray = (R + B) / 2$ 进行灰度化处理，其中 R、G 分别是红色和绿色通道的值。车道线颜色主要是白色和黄色，其值为白色（255,255,255），黄色（255,255,0）。

（3）对灰度图像进行边缘提取

这里采用差值梯度的方式进行边缘提取，即利用 AT4LD 思想进行边缘提取，而不采用经典的边缘检测方法，如 Canny、Sobel 等。

边缘提取的原理和注意原则如下。

边缘提取的原理是利用 AT4LD 思想，即根据车道线附近会产生比较大的落差，提取落差大又称为势能较大的点就是边缘点，如图 6-15 所示。

注意事项如下。

由于车道线具有一定的宽度，所以一条车道线会出左右边缘，可以根据实际需要选择左边缘或右边缘。

现在策略是左侧选用右边缘即下降沿，右侧选用左边缘即上升沿，但是换道的时候会出现小小的切换断纹。

图 6-15　利用势能进行边缘提取

在进行边缘提取的时候可以选取一个 ROI 以减少工作量。做完边缘检测后，是一个矩形的区域，需要进一步缩小范围，所以可进行梯形的 ROI 截取。ROI 设置的红色区域如图 6-16 所示。

（4）车道线检测

对梯形 ROI 进行上下分区，分成 R1 和 R2，如图 6-16 所示，这两个区域是等面积的，其长和宽都一样，也就说 R1 和 R2 所代表的区域在真实世界是一样大小的。对梯形 ROI 内进行直线检测。

图 6-16　对梯形区域进行上下分区 R1 和 R2

（5）车道线虚拟中心线计算

检测 R1 区域中的所有线段，利用透视图像的特点，将线段候选为左车道线和右车道线，分别对左右候选车道线进行直线拟合。R2 区域做同样的处理。根据需要计算出中心线，结果如图 6-17 所示。

图 6-17　根据车道线检测结果计算中心线

6.3　基于 IPM 的检测方法

6.3.1　逆透视模型

逆透视模型又称为鸟瞰模型，是描述车道线的最好模型之一，因为该模型可以很直观、全面地表达车道线的特性。根据车道数量可以简单分为单车道模型、双车道模型和三车道模型，如图 6-18 所示。在图 6-18 中，从左到右分别是单车道模型、双车道模型和三车道模型，我们可以发现最两旁的车道线一般是实线而中间的一般为虚线。有了车道线的逆透视模型，我们可以对车道线的特征进行下述描述。

（1）车道宽度 Road_W，一般在某个固定路段车道的宽度是不变的或者变化很小，所以车道宽度是车道线特征之一，用于车道线的验证。

（2）车道线宽度 Lane_W，一般情况车道线的宽度在 10～15cm 范围内，并且在固定路段车道线的宽度是不变的，这一特征常用于车道线检测的约束条件之一。

（3）车道线的平行性，是指车道线之间是相互平行的，根据这一特征可以将车道线按组的形式提取出来，也就是说将斜率相同的直线放在一组以便进一步判断。

（4）车道线的线条性，车道线可以是直线也可以是曲线，但都是线，具有线的等宽性和连续性。

（5）车道线的左右性，一般而言车道线分布在车辆的左右，如果知道车道线模型，那么就知道车辆左侧有多少条车道线，右侧有多少，具体是实线还是虚线。这些特征信息对车道线的检测都有很大的帮助。

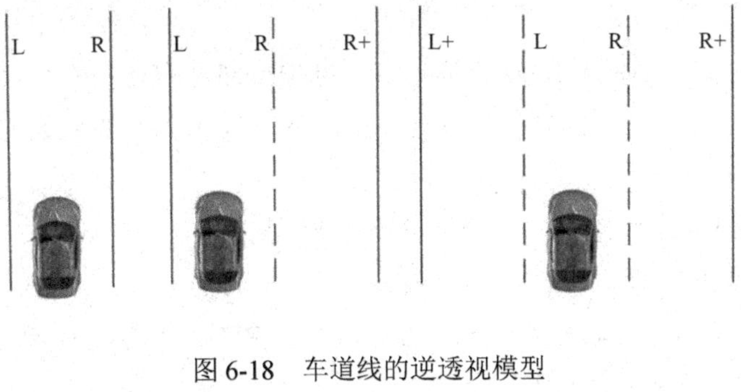

图 6-18　车道线的逆透视模型

IPM 就是逆透视变换，在本书中多介绍，这里不再介绍其原理。在无人驾驶智能车项目中研究人员偏向于这种方法，主要就是逆透视图像（鸟瞰图像）具有很多优点。通过逆透视模型的介绍，我们知道逆透视图像可以很好地描述车道线的形状及距离。我们知道在无人驾驶智能车视觉导航中主要是通过车道虚拟中心线来进行车辆方向控制的，所以计算车道虚拟中心线才是最终目的，这也是很多人常使用这类方法进行车道线检测的原因之一。我们在这里讨论基于 IPM 的车道线检测方法的优缺点。

基于 IPM 的车道线检测方法的优点如下。

（1）逆透视图像是线性的，可以很真实地反应真实路面的形状、大小，以及距离，在逆透视图像中车道线是保持恒宽的，线条性很好，有利于直线检测或者曲线检测。

（2）在逆透视图像中，可以比较精确地计算出车道的宽度，车道线的宽度和长度，根据这一特征可以滤除干扰线段，提高车道线检测的精度。

（3）根据逆透视图像的性质，检测到车道线后可以很方便地计算出车道虚拟中心线。

基于 IPM 的车道线检测方法的缺点如下。

（1）逆透视变换是将透视图像变换成逆透视图像的过程，一种摄像机姿态对应一种变换关系，如果智能车在行驶过程出现颠簸造成摄像机相对路面的姿态发生变化，则变换得到的逆透视图像是变形的，如车道线不平行及非线性，这对车道线检测会造成致命的影响。

（2）由于逆透视变换是摄像机相对道路平面的姿态变换，如果道路是上坡或者下坡，那么这种对应关系发生变化，得到的逆透视图像也会发生变形。

6.3.2 一种基于 IPM 的车道线检测方法

基于 IPM 的车道线检测方法有很多，每种方法都有各自的优缺点，本书介绍的是一种基于 IPM-DVS 的车道线检测算法，该方法利用了 IPM 原理，以下是其具体方法。

（1）逆透视变换差值分离（IPM-DVS）原理

①逆透视变换（IPM）

逆透视变换（Inverse Perspective Mapping，IPM）是指将透视图像转换成俯视图像的过程，其原理在本书中已介绍。

②差值分离（DVS）

图像的差值运算就是两幅图像相减得到差值图像(difference image)，由于图像

中的像素值不可以取负值，所以需要取绝对值，则有绝对差值运算公式为

$$Dst(x,y)=\left|SrcA(x_i,y_j)-SrcB(x_i,y_j)\right|$$

上述公式可以简化为

$$D=\left|A-B\right|$$

其中，$\mathrm{Dst}(x,y)$ 表示差值图像 D，$\mathrm{Src}A(x_i,y_j)$ 表示图像 A，$\mathrm{Src}B(x_i,y_j)$ 表示图像 B，图像 A、B、D 的大小为 $i\times j$。

根据帧间图像中车道线变化小的特征，对连续的两帧逆透视图像进行绝对差值运算，可以得到大部分车道线信息，同时也包含了噪声，如图 6-19 所示，图像中黑色部分为帧间不变信息。

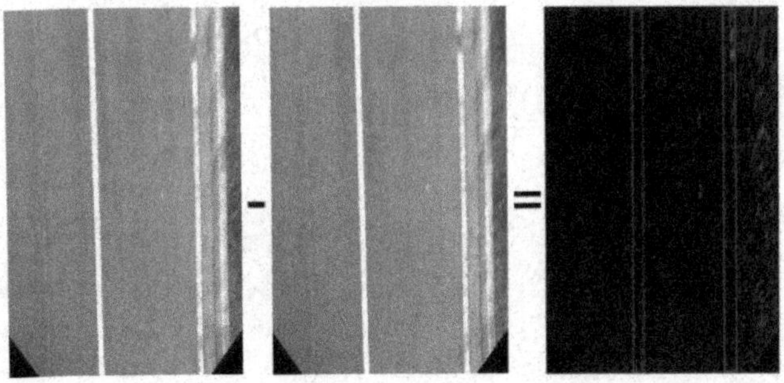

图 6-19　连续两帧图像的差值结果

从图 6-19 中的差值结果可知车道线部分是黑色的（用红色框圈出的部分），那就意味着帧间图像中的车道线信息大部分没有变化，但是差值图像中除了车道线区域是黑的，其他地方也有，这说明前后两帧图像相同部分比较多，所以需要对差值图像进行进一步处理，把噪声部分去除。

对连续的两帧图像的逆透视图像进行差值运算得到的差值图像比较模糊，需要通过边缘检测增强纹理细节。差值图像是彩色图像，需要采用 Sobel 算子边缘检测。

对差值图像进行 Sobel 算子边缘检测，得到的图像是对连续两帧图像变化部分的细节增强，尤其是车道线附近的纹理边缘很明显，但是还不足用于车道线检测，因此还需要进一步进行差值运算，用原图像与其进行差值运算，目的是凸显出车道线部分。

设连续两帧图像 A 和 B，用 φ 表示车道线信息，ϕ 表示干扰信息，则有

$$A=\varphi_A+\phi_A$$

$$B=\varphi_B+\phi_B$$

那么，图像 A 和图像 B 的差值运算可以表达为

$$D=\left|A-B\right|=\left|\varphi_A-\varphi_B\right|+\left|\phi_A-\phi_B\right|=\varphi'+\phi'$$

其中，φ' 为车道线信息的变化量，ϕ' 为干扰信息的变化量。

$D\xi$ 表示对图像 D 进行 Sobel 算子卷积，则效果公式为

$$D\xi=o(0)\cdot\varphi'+\frac{(\phi_A+\phi_B)}{2}$$

联合上述公式有

$$\left|A-D\xi\right|=\varphi_A+\frac{\phi_A-\phi_B}{2}=\varphi_A+\frac{\phi'}{2}=\varphi_A+o(\phi)$$

所以，由上述公式推广可得车道线信息计算公式为

$$\varphi=\left|I-D\xi\right|+o(\phi)$$

其中，I 代表原始图像，即连续两帧图像中的一幅图像，$o(\phi)$ 表示干扰信息很少。

图 6-20 中的图像（a）是原始图像，图像（b）是 Sobel 算子边缘检测结果，而图像（c）则是图像（a）、（b）的差值结果，从结果中可以看出图像(c)凸显出了车道线信息，这有利于车道线的检测。

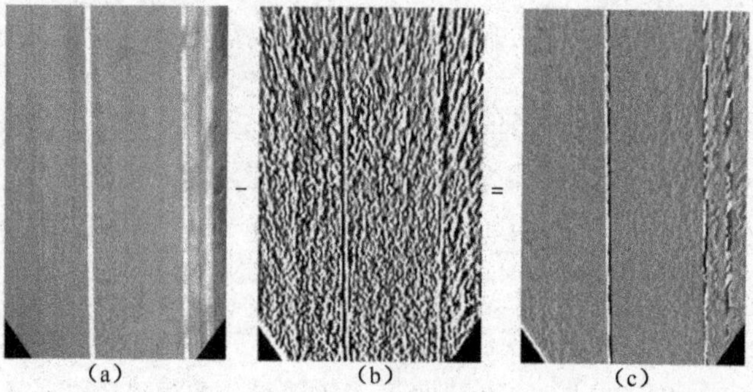

图 6-20　差值分离结果

（2）车道线检测算法

本文提出的车道线检测算法是基于 IPM-DVS 的，先通过 IPM-DVS 对原始图像进行车道线信息分离，然后再进行预处理和特征滤波检测。

①图像预处理

根据车道线的线性特征，需要进行霍夫直线检测，直线检查之前需要对差值运算结果进行灰度化和二值化处理，其中灰度化采用以下公式，即

$$\text{gray} = 0.299 \cdot R + 0.587 \cdot G + 0.114 \cdot B$$

其中 gray 表示灰度图像中像素的值，R、G、B 分别代表 RGB 彩色图像中 Red、Green 和 Blue 通道的值。

根据公式可知差值图像中车道线信息比较凸显，而干扰信息较少，那么就可以采用固定阈值进行二值化处理，从而减少了运算开销。

$$\begin{cases} S(x,y) = 255, & S(x,y) \geqslant T \\ S(x,y) = 0, & S(x,y) \leqslant T \end{cases}$$

其中，$T \in (150,200)$。

直线在图像中是一系列离散点的集合，通过一个直线的离散极坐标公式，可以表达出直线的离散点几何等式为

$$x \cdot \cos\theta + y \cdot \sin\theta = r$$

其中角度θ指 r 与 x 轴之间的夹角，r 为到直线几何垂直距离。任何在直线上点，x，y 都可以表达，其中 r、θ是常量。以上是直线的霍夫变换原理。如图 6-21 所示是霍夫直线检测的结果。

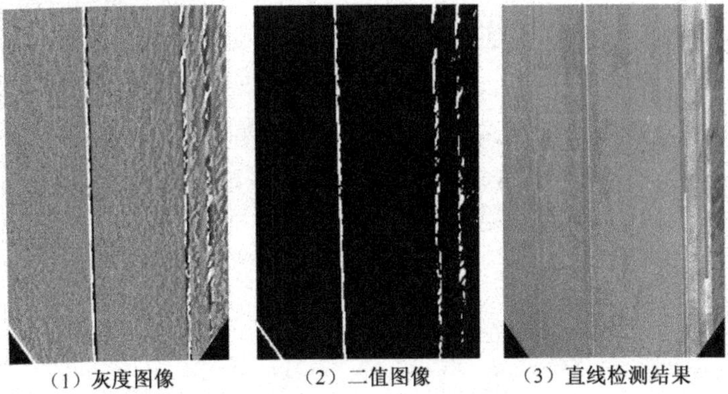

图 6-21　霍夫直线检测结果

从图 6-21 中可以发现霍夫直线变换可以把直线检测出来，但是并不是所有的直线都是车道线，所以需要根据车道线的长度、角度、宽度等特征进行滤波处理。

②车道线特征滤波检测

设 L 为车道线现实长度（cm），l 为车道线的像素长度（pix），逆透视图像的高是 h（pix），W 为车道的真实宽度（cm），w 为图像中两直线的垂直距离（pix），逆透视比例系数为 K（cm/pix），直线的水平夹角为θ，图像中直线的两端点坐标是 $p_1(x_1, y_1)$ 和 $p_2(x_2, y_2)$，则直线的像素长度 l 计算公式为

$$l=\sqrt{(x_1-x_2)^2-(y_1-y_2)^2}$$

则直线的现实长度 L 计算公式为

$$L=l\cdot K$$

直线的水平夹角 θ 的计算公式为

$$\theta=\arctan(\frac{|y_1-y_2|}{|x_1-x_2|})$$

设图像中另一条直线的两端点坐标是 $p_3(x_3,y_3)$ 和 $p_4(x_4,y_4)$，则两直线的垂直距离 w 的计算公式为

$$w=\frac{|(y_1-y_3)-k(x_1-x_3)|}{\sqrt{k^2+1}}$$

其中，k 为直线的斜率，有

$$k=\frac{|y_1-y_2|}{|x_1-x_2|}=\frac{|y_3-y_4|}{|x_3-x_4|}$$

公式表示的是一组平行直线的斜率，只有平行线之间才有垂直距离，这也是车道线特征之一。则两直线的真实宽度 W 计算公式为

$$W=w\cdot K$$

根据车道线的基本特征，进行以下滤波处理：

已知车道线分为实线和虚线两种，并且虚线长度一般是 200cm，则

$$L=200\pm15\,||\,L\geqslant0.8\cdot h\cdot K$$

若满足上述公式则保留。

已知车辆与车道线方向基本一致，那么车道线在图像中的水平夹角在 90°左右，因此有

$$60°\leqslant\theta\leqslant120°$$

当直线的水平夹角满足上述公式则保留，否则被过滤掉。

设道路的车道宽度为 W'，则有

$$W=n\cdot(W'\pm\bar{e})\qquad n=0,1,2,3$$

其中 $\overline{e}$ 是可允许误差，若满足上述公式的直线着保留，否则被过滤掉，马路边沿就是通过这一公式滤掉的。

（3）实验结果与分析

①实验平台

本文提出的车道线检测算法目的是应用在无人驾驶智能车视觉导航中的，所以

算法在真实的无人驾驶智能车平台进行验证。如图 6-22 所示是北京联合大学 C30 纯电动智能车平台中的视觉部分。从图 6-22 中可以看到无人驾驶智能车视觉平台中硬件主要由两部分组成：摄像机和工控机，其中用于车道线检测的摄像机安装在车内后视镜正下方。

图 6-22　无人驾驶智能车视觉平台

②实验数据

本文所用的测试数据源于无人驾驶智能车平台采集，采集图像为 RGB 彩色图像，分辨率是 1000×350，由不同时间段不同地点进行采集，其中在北京市园博园西路采集了 7529 帧图像，常熟市郊区采集了 6518 帧图像，常熟市城区采集了 4297 帧图像，共 18344 帧图像，其中包含了各种复杂环境路段，有高速路段、城市道路、郊区道路、高架桥底路段、林荫道等，其中有晴天、阴天、雨后等天气条件下的道路图像。

③实验结果

本文的算法在多种复杂环境中进行了测试验证，包括阴影、倾斜、地面标志、逆光、水渍等环境，如图 6-23 所示，其中图像（a）（b）（c）（d）（e）（f）分别是正常、阴影、倾斜、地面标志、逆光、水渍的摄像机原始图像。检测结果如图 6-24 所示，其中图 6-24 中图像（a）（b）（c）（d）（e）（f）分别是图 6-23 中图像（a）（b）（c）（d）（e）（f）的车道线检测结果。

图 6-23　各种复杂测试环境

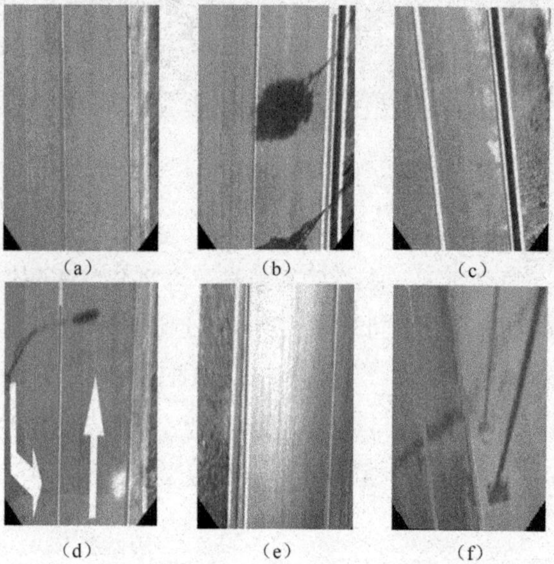

图 6-24　车道线检测实验结果

6.4　车道虚拟中心线的计算方法

在上文中介绍了两种不同的车道线检测方法，同时也强调了在无人驾驶智能车视觉导航中车道线检测的最终目的是计算车道线虚拟中心线。在这一节中，将讨论不同情况下车道虚拟中心线的计算方法。目前，有两类方法，分别是基于透视图像的和逆透视图像的，这与车道线检测的分类是一样的。

1. 基于透视图像的车道线虚拟中心线计算

车道虚拟中心线计算的前提是车道线已被检测到，最理想的检测结果是左右车道线同时被检测到，但有的时候只检测到左右中的一条车道线，因此我们将分具体情况讨论。

（1）当车道的左右车道线都被正确检测时，如图6-25所示。

图6-25　基于透视图像检测到左右两车道线的结果

当左右车道线都被检测时，只需要对每一行左右车道线的值求平均值，结果如图6-26所示。

图6-26　虚拟中心线计算结果（红色）

（2）当只检测到一条车道线的时候，如图6-27所示。

图6-27　基于透视图像检测到单一车道线的结果

当只检测到右侧车道线的时候，只需要往左边平移半个车道，但需要注意的是透视图像中远端和近端中每个像素表示的水平距离是相等的，如果是直线的话，只需要取车道线上下两个端点，分别向左平移半个车道然后连成直线即可；如果是曲线的话，需要取车道线上中下三个点，同样向左平移半个车道得到三个点，进行曲线拟合得到虚拟中心线。同理，如果只检测到左侧车道线时，只需向右平移半个车道。结果如图 6-28 所示。

图 6-28　通过单一车道线计算的虚拟中心线（红色）

通过透视图像中计算得到的车道虚拟中心线依然是在透视图像中，无法直接用于无人驾驶智能车的视觉导航中，需要将其转换成真实世界坐标系中，如图 6-29 所示。

图 6-29　透视图像中心线与世界平面中心线的转换

2. 基于逆透视图像的车道线虚拟中心线计算

基于逆透视图像的车道线虚拟中心线计算与基于透视图像的原理基本上是一样，只是不需要进行转换，并且平移半个车道上下端是一致的，所以不需要进行曲线拟合，所以说这种计算方法相对简单。但是，由于逆透视图像的特性，车道线都是平行的，在图像中不判断车道线的左右性，除非只检测到两条车道线并且间距正好是一个车道宽度，即是相邻的车道线，那么直接求平均值就好了。如果只检测到一条车道线的时候，需要根据历史帧数据来判断其左右性，然后再做相应的平移即可，结果如图 6-30 所示。

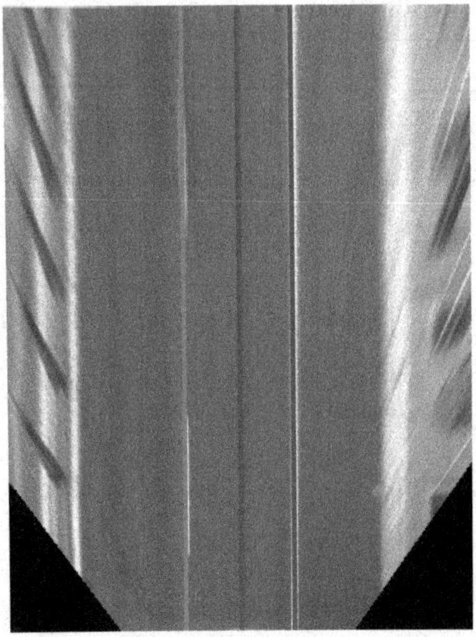

图 6-30　基于透视图像的虚拟中心线计算结果

6.5　车道线跟踪技术

上一节介绍了车道线检测方法，基本上是基于单帧图像的检测，在实际无人驾驶智能车视觉导航中，对车道线检测的准确率和鲁棒性要求很高，然后在真实道路中环境变化复杂，仅仅做单帧图像的车道线检测往往是满足不了实际需要的。没有跟踪的检测都是徒劳，因为车辆是有规律的行驶，车道线在视频序列中也是有规律地变化，那么如果知道车道线在下一帧图像中可能出现的位置，那么车道线检测的正确性将大大提高。

跟踪问题其实是一个预测问题或者估计问题，常用的车道线跟踪方法有卡尔曼滤波跟踪和粒子滤波跟踪。本书赘述其原理是为重点介绍这两种滤波器在车道线跟踪的应用。

6.5.1 基于卡尔曼滤波的车道线跟踪

Kalman 跟踪的核心是它的 5 个公式，实现此功能。参数初值和协方差 P 的初值设为单位阵，本状态的预测值是上一状态的跟踪结果，本状态的真实值是当前读入的序列帧，由此可得到本状态的跟踪值（最优估计结果）。此值又作为下一状态的预测值，实现车道参数的循环估计，即跟踪。

车道线跟踪与车道线检测是相辅相成的工作，跟踪准确了有利于检测，检测做好了有利于跟踪。车道线跟踪的前提是已经正确地检测到了车道线，根据上帧结果预测本帧。利用卡尔曼滤波进行车道线跟踪关键是要解决跟踪车道线的什么信息（状态）的问题，一般是将车道线分为左车道线和右车道线，跟踪左右车道线上下端点，即四个坐标点。那么车道线跟踪状态可以定义如下，即

$$\vec{x}_k = \begin{bmatrix} Lb_x & Lb_y & Lt_x & Lt_y & Rb_x & Rb_y & Rt_x & Rt_y \end{bmatrix}^T$$

其中 Lb_x，Lb_y，Lt_x，Lt_y，Rb_x，Rb_y，Rt_x，Rt_y 分别是左右车道线底端点和上端点的 x 和 y 的值。那么就有

$$\vec{x}_k = \vec{x}_{k-1} + \vec{w}_k$$

其中 $\vec{w}_k$ 是过程噪声，即 k 与 $k-1$ 帧图像结果的偏差。车道线在当前帧中位置的观测值表示为

$$\vec{z}_k = \vec{x}_k + \vec{v}_k$$

其中 $\vec{v}_k$ 是测量噪声，即测量过程中造成的偏差。那么联合上述两个公式可得

$$\vec{z}_k = \vec{x}_{k-1} + \vec{w}_k + \vec{v}_k$$

然而在车道线检测过程中并不存在测量，所以也就没有测量噪声，所以最终可以将车道线跟踪的公式简化为

$$\vec{z}_k = \vec{x}_{k-1} + \Delta\vec{\theta}_k$$

其中 $\vec{z}_k$ 是预测值或者估计值，而 $\Delta\vec{\theta}_k$ 表示车道线的变化范围，其具体计算可以参照卡尔曼滤波原理。

6.5.2 基于粒子滤波的车道线跟踪

基于粒子滤波的车道线跟踪算法，以一种递推估计的思想来进行“滤波”，也就是“滤出”车道线的当前状态 xk，最终求出的是一种后验概率的表示形式$\{xk, wk\}$，wk 是权重，并通过由若干粒子的加权来得到车道标识线的状态估计。每个粒

子 xk 表示车道标识线状态空间中的一条“线”，假设需要求解车道标识线的形状和位置，包括直线尺度、弯曲尺度、角度三个参数。如果每个参数最多均有 10 个解，那么每个粒子即指这 103 维状态空间中的一个解，且每个粒子均具有上述三个参数。车道标识线的实际运动情况也是这个状态空间中的一个解，通过衡量每个粒子与真实解的似然度，似然度大的粒子获得较大的权值，似然度小的粒子获得较小的权值，那么所有粒子的加权即可表示车道标识线运动状态的估计值。

粒子滤波的核心部分是目标物状态的描述，即粒子的状态表达。通常将车道标识线模型用

$$x = \frac{1}{2}ay^2 + by + c$$

拟合得到，那么车道标识线的状态可以用一个三维的状态向量 xk 来表示，每一个粒子可以描述成这样的一条抛物线，粒子的状态分量表示为

$$x_k = [a_k, b_k, c_k]$$

最后根据粒子滤波的原理对状态分量进行预测估计。

第 7 章　斑马线识别

斑马线称为人行横道，根据《中华人民共和国道路交通安全法》第四十七条规定，机动车行经人行横道时，应当减速行驶；遇行人正在通过人行横道，应当停车让行；机动车行经没有交通信号的道路时，遇行人横过道路，应当避让。因此，斑马线识别对无人驾驶智能车十分重要，尤其是在城市道路中的无人驾驶。

7.1　斑马线的特征及其作用

在 GB9768-2009《道路交通标志和标线》中，规定斑马线有两种，分别是正交斑马线和斜交斑马线，这是根据路口类型不同而不同，十字路口和丁字路口一般都是正交斑马线，而三叉路口等特殊路口会采用斜交斑马线，如图 7-1 所示。

图 7-1　斑马线类型（正交和斜交）

一般斑马线是组合出现的，如图 7-2 所示，有斑马线的路段都有停止线出现，同时还有菱形的预告标示。

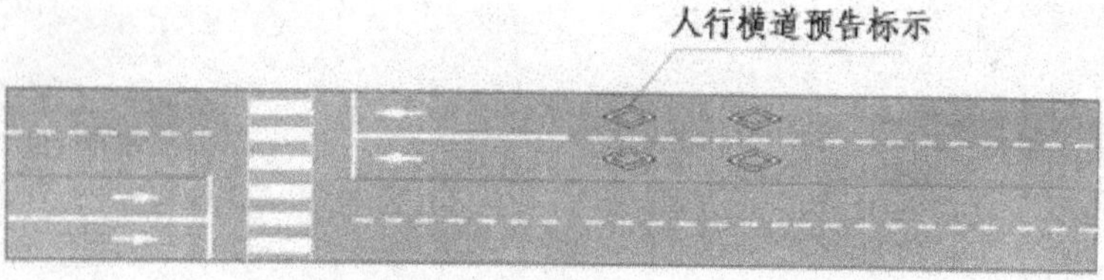

图 7-2　与斑马线组合出现的交通标识

GB9768-2009《道路交通标志和标线》规定斑马线一般与公路中心线垂直，特殊情况下，与其中心线夹角不宜小于 60°（或大于 120°），其条纹应与公路中心线平行；斑马线的最新宽度应为 300cm，并可根据行人交通量以 100cm 为一级加宽。斑马线的线宽应为 40cm 或 45cm，线间隔宜为 50cm，可根据车行道宽度进行调整，但最大不应超过 80cm。在实际大部分城市道路中，斑马线的白色线条宽度是 45cm，间隔是 60cm。

斑马线最大的特征就是黑白相间，具有很高的双极性，如图 7-3 所示。

图 7-3 从车内摄像机采集的斑马线图像

一般斑马线的识别都会利用这一特征，在后文中将会详细介绍斑马线识别的方法。

斑马线识别在无人驾驶智能车视觉导航中有什么作用呢？主要有两方面的作用，一是保证无人驾驶智能车能够遵守交通规则，另一方面是对无人驾驶智能车其他功能模块有帮助。

交规要求方面，根据交通安全法的如下规定：

①机动车行经人行横道（斑马线）时，应当减速行驶。

②遇行人正在通过人行横道（斑马线），应当停车让行。

③机动车行经没有交通信号的道路时，遇行人横过道路，应当避让。

对其他模块（或决策）贡献方面如下：

①当检测到斑马线时，可以说明前方可能有红绿灯路口，这时就反馈信息到决策系统，及时调用交通灯模块进行检测；

②当检测到斑马线时，及时调用行人检测模块，判断是否有行人，从而提高安全性。

7.2 斑马线识别方法

上一节中介绍了斑马线的规格及斑马线识别对无人驾驶智能车的重要性，本节中将详细介绍斑马线的识别方法。在介绍方法之前，我们先简单讨论斑马线的特点及斑马线识别的难点。

斑马线最大的特点就是黑白条相间，并且具有相对固定的尺寸，在道路中特征很显著，按道理说根据斑马线的特点斑马线识别应该很简单才对，但是实际道路中往往是很复杂的，总结归纳有以下三大难点。

①受光照影响及道路旧损等导致图像中的斑马线很难辨清，不利于其识别。

②有部分城市道路中，由于某些原因造成斑马线是斜着出现的，导致斑马线的特征不明显。

③在透视图像中，斑马线的白色线条是以梯形出现的，不利于宽度计算。

那么针对上述的三个难点，在实际的斑马线识别中，又该如何解决呢？俗话说得好，办法总是比问题多。针对上述三个难点问题，一般是以下解决思路：

①由于光照和道路旧损导致的斑马线图像质量不好的问题，大多数是在图像预处理过程中去提高图像质量。

②针对部分斑马线倾斜的问题，一般都是在算法层面进行优化，提高识别的鲁棒性。

③透视图像的问题是最好解决的，现有的绝大多数识别方法都是基于逆透视图像中的，所以斑马线识别少不了逆透视变换。

以上的介绍是为了了解斑马线识别的一些思路，以下部分将重点介绍三种普通的基于单帧图像的斑马线识别方法，分别是基于双极性的斑马线识别、基于方向边缘匹配的斑马线识别和基于约束特征的斑马线识别。

1. 基于双极性的斑马线识别方法

该方法是基于斑马线灰度信息的高对比性，利用双极性识别斑马线，其流程框架如图 7-4 所示。

基于双极性的斑马线识别方法的实现步骤如下。

步骤 1：利用双极性对图像进行分割，将双极性高的区域提取出来作为候选区域。

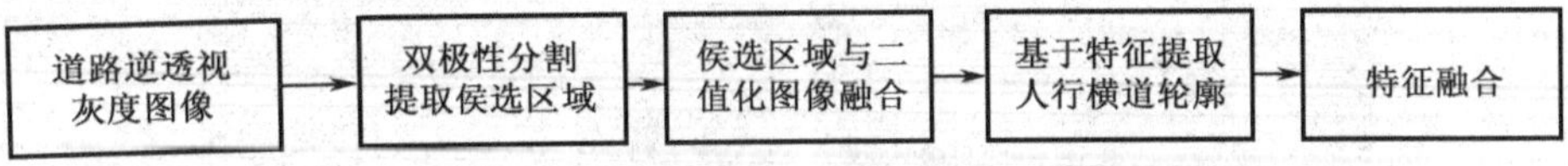

图 7-4　基于双极性的斑马线识别方法的流程图

步骤 2：将候选区域图像与二值化图像进行融合，得到人行横道图像。

步骤 3：然后通过人行横道条纹的宽度、高度、宽高比，以及角度等特征信息，提取出人行横道轮廓信息。

步骤 4：由于黑色条纹和白色条纹的宽度恒定，且两者宽度比是常量，基于这一特征信息，通过扫描轮廓图像，将人行横道从道路图像中提取出来。

如图 7-5 是每一步处理的结果，从左往右从上往下分别是道路灰度图像、候选区域提取图像、道路二值化图像、融合处理后图像、目标轮廓提取结果、识别结果。

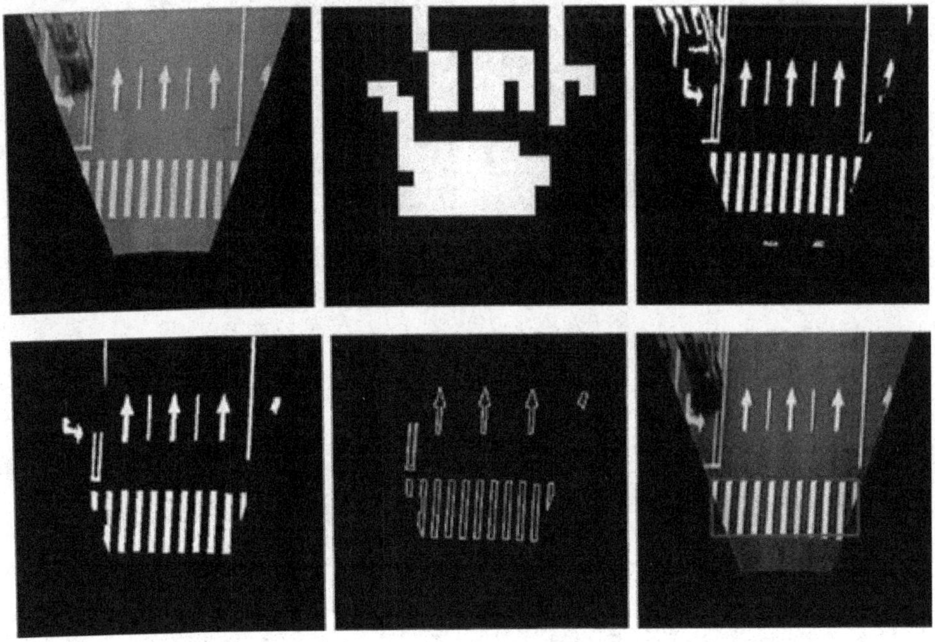

图 7-5　基于双极性的斑马线识别方法的关键步骤实验结果

如图 7-6 所示是不同场景下的斑马线识别结果。

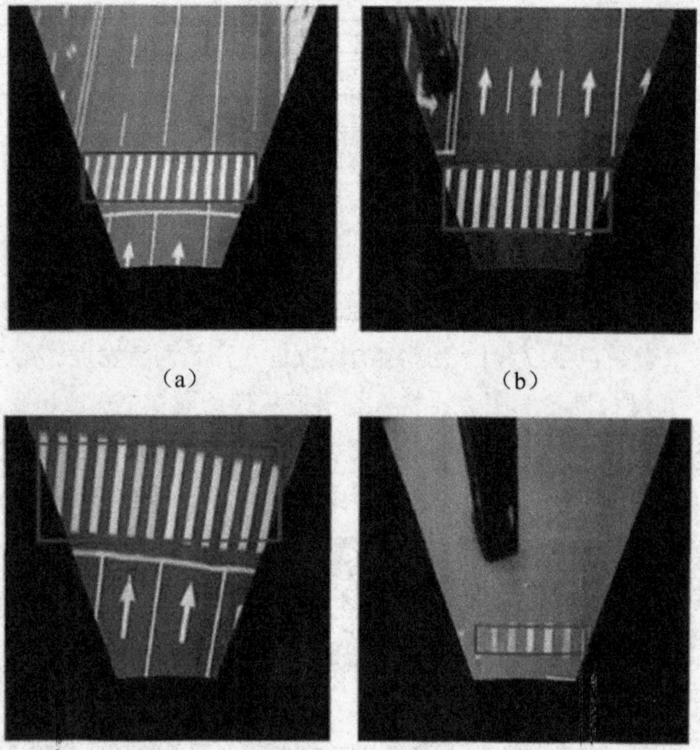

（a）（b）（c）（d）

图 7-6　基于双极性的斑马线识别方法识别结果

2. 基于方向边缘匹配的斑马线识别方法

基于方向边缘匹配的斑马线识别方法的核心思想是利用斑马线有规律的排列，如图 7-7 所示是斑马线的模型，是通过边缘检测的方法进行识别的。

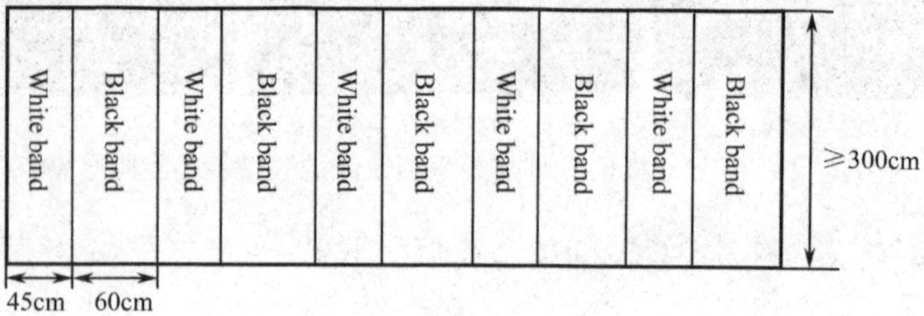

图 7-7　斑马线模型

基于方向边缘匹配的斑马线识别方法的实现步骤如下。

步骤 1：垂直上升边缘与下降边缘检测。

步骤 2：上升边缘与下降边缘匹配得到白线。

步骤 3：根据方向、间隔等特征信息将数条白线组合为斑马线。

图 7-8 是基于方向边缘匹配的斑马线识别方法实现的具体步骤结果。

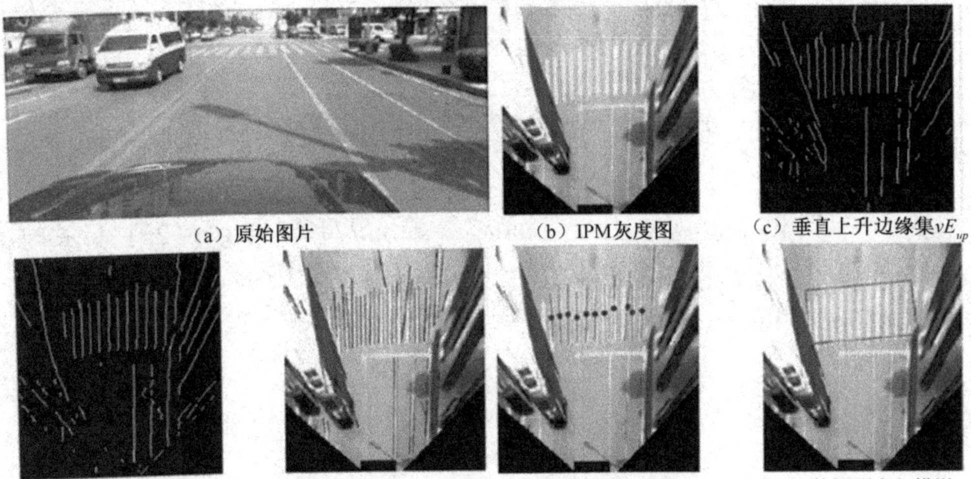

（a）原始图片　（b）IPM灰度图　（c）垂直上升边缘集 vE_{up}

（d）垂直下降边缘集 vE_{down}　（e）拟合线段集 vL_{up} 与 vL_{down}　（f）边缘匹配　（g）检测到人行横道

图 7-8　基于方向边缘匹配的斑马线识别方法的关键步骤实验结果

3．基于约束特征的斑马线识别方法

基于约束特征的斑马线识别方法的核心思想是通过计算斑马线的宽度、间宽，及长度来判断是否是斑马线。

基于约束特征的斑马线识别方法的实现步骤如下。

步骤 1：通过智能车辆上的摄像机，以 20～50 帧/秒的帧率实时获取智能车辆前方道路的图像 Src_Image，对获取的原始图像 Src_Image 进行逆透视变换得到道路画面的鸟瞰图像 Bird_View；对图像 Bird_View 进行车道线检测，沿着本车道的两条车道线从图像 Bird_View 中裁剪出本车道区域图像，在此基础上进一步剪切，从上至下分成 5 份截取出图像的中间 3 份作为感兴趣区域图像 ROI_Image。

步骤 2：对图像 ROI_Image 进行灰度化、自适应二值化、canny 边缘提取、形态学腐蚀膨胀，获得二值化图像 Dst_Bw。

步骤 3：在图像 Dst_Bw 上虚拟 10 条等间距宽度为 1 像素的横线用于统计横

线上的像素信息,设图像 Dst_Bw 的左上角坐标为(0,0)，$width$ 和 $height$ 分别代表图像 Dst_Bw 的宽和高，L_i 代表第 i 条横线,$1 \leqslant i \leqslant 10$,则横线 L_i 的左端起始坐标为$(0, i \cdot height / 10 - heigh / 20)$。

步骤 4：统计横线 L_i 的像素情况，包括黑白像素跳变次数 Sum_i、连续黑色区域平均宽 Wb、连续白色区域平均宽 Ww，跳变次数 Sum_i 是用来计算本车道路面上斑马线白条带个数，连续黑色区域平均宽 Wb 是用来计算黑色条带的宽度，连续白色区域平均宽 Ww 是用来计算白色条带的宽度。

所述 Sum_i 的计算方法如下，即

$$Sum_i = \begin{cases} Sum_i + 1 & Vual(j, i \cdot height/10 - height/20) \neq Vual(j+1, i \cdot height/10 - height/20) \\ Sum_i & \text{其他} \end{cases}$$

其中，Sum_i 初始值为 0，$Vual(j, i \cdot height/10 - height/20)$ 表示图像 Dst_Bw 中 $i \cdot height/10 - heigh/20$ 行第 j 列的像素值，$0 \leqslant j \leqslant width - 1$；

所述 Wb_i 和 Ww_i 的计算方法如下，即

$$Wb_i = \frac{\mathrm{Count\_}b_i}{1/2 \cdot Sum_i + 1}$$

$$Ww_i = \frac{\mathrm{Count\_}w_i}{1/2 \cdot Sum_i}$$

其中，Wb_i 和 Wb_i 的初始值均为 0，$Count\_b_i$ 和 $Count\_w_i$ 分别表示这一行中黑色像素即像素值为 0 的像素和白色像素即像素值为 255 的像素的数量。

步骤 5：根据斑马线的特征可知，在一个车道里的斑马线黑白条带数量、宽度是有一定范围的，不在这范围内说明不是斑马线而是其他干扰，因此这些数据需舍去，对 Sum_i，Wb_i 和 Ww_i 的值进行取舍具体规则如下，即

$$Sum_i = \begin{cases} Sum_i & ,3 < Sum_i < 10 \\ 0 & \text{，其他} \end{cases}$$

$$Wb_i = \begin{cases} Wb_i & ,\dfrac{width}{10} \leqslant Wb_i \leqslant \dfrac{width}{4} \\ 0 & \text{，其他} \end{cases}$$

$$Ww_i = \begin{cases} Ww_i & ,\dfrac{width}{10} \leqslant Ww_i \leqslant \dfrac{width}{5} \\ 0 & \text{，其他} \end{cases}$$

所述的 Sum，Wb，Ww 和 H 的计算方法如下，即

$$Sum = \frac{\sum_{i=1}^{i=10} Sum_i}{\text{Countnonzero}\_Sum_i}$$

$$Wb = \frac{\sum_{i=1}^{i=10} Wb_i}{\text{Countnonzero}\_Wb_i}$$

$$Ww = \frac{\sum_{i=1}^{i=10} Ww_i}{\text{Countnonzero}\_Ww_i}$$

$$H = H_{\text{end}} - H_{\text{begin}}$$

其中 $\text{Countnonzero}\_Sum_i$，$\text{Countnonzero}\_Wb_i$，$\text{Countnonzero}\_Ww_i$ 分别表示 $Sum_i \neq 0$，$Wb_i \neq 0$，$Ww_i \neq 0$ 的数量；H_{begin} 和 H_{end} 分别表示斑马线中白条的顶端位置和底端位置，H 则是白条的高度。

步骤 6：最后根据 Sum，Wb，Ww 和 H 的值来判断是否出现斑马线；如果 $4 \leqslant \text{Sum} \leqslant 10$，$|Wb - Ww| \leqslant width/10$，$width/9 \leqslant Ww \leqslant width/6$，$width/9 \leqslant Wb \leqslant width/4$，$height/5 \leqslant H \leqslant height$ 条件都满足，意味着满足了斑马线的所有特征，说明出现斑马线；否则，没有出现。

7.3　基于时空关联的斑马线识别方法

在上一节中介绍了几种基于单帧图像的斑马线识别方法，然而在实际的无人驾驶智能车项目中常常使用的是基于时空关联的斑马线识别方法，该方法的流程示意图如图 7-9 所示。

通过流程示意图可以知道其基本思想。基于时空关联的斑马线实时识别方法，首先通过智能车上的 GPS 装置获取路口触发点信息，包括路口类型、距离，当距离小于 100m 时将会及时启动斑马线识别程序。斑马线识别主要包括以下几个步骤：通过智能车上的摄像机获取车辆前方的路面图像，对原始图像进行灰度化、逆透视变换、自适应二值化处理，然后对逆透视灰度图像进行双极性分割提取候选区域，再使候选区域与二值化图像进行融合，然后对融合图像进行轮廓提取，最后根据斑马线约束条件进行识别。当连续 3 帧图像都识别到斑马线则认为稳定识别到了斑马线并将其结果进行返回。本方法充分利用智能车辆上的其他传感器，结合时空关联信息，全面地进行判断、检测、识别，不仅可以极大地减少运算开销还可以极大地提高斑马线识别的准确性和实时性。

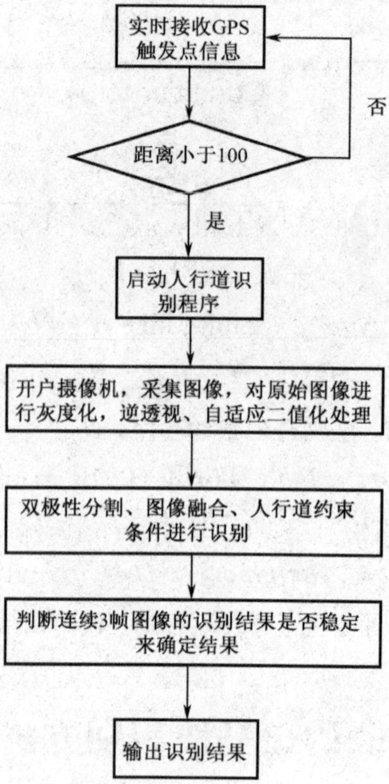

图 7-9　基于时空关联的斑马线实时识别的流程图

本方法的目的在于克服现有方法存在抗干扰性弱、识别正确率低、识别速度慢、成本高，以及耗能大等缺点，提出了基于时空关联的斑马线实时识别方法。

为了实现上述目的，本方法采取了如下的实现步骤。

步骤 1：传感器安装。

步骤 1-1：将单目摄像机安装在智能车辆内后视镜的正下方并与车体的纵向坐标轴平行，相对车体横坐标的位移为零。

步骤 1-2：将 GPS 装置安装在智能车顶平面处并使其位于智能车辆中心线上。

步骤 2：实时接收 GPS 的路口触发点信息，所述的路口是指智能车辆所在的路段中离智能车辆最近的路口；所述的触发点信息结构为路口类型、距离，其中距离是指智能车辆里路口中心的距离，单位为米。

步骤 3：当接收的距离小于 100m 时，立即启动斑马线识别程序；当接收的距离大于 100m 时，关闭斑马线识别程序。

步骤 4：斑马线识别。

步骤 4-1：从摄像机中获取原始路面图像 Img,先对图像 Img 进行灰度化处理得到灰度图像 grayImg,再对图像 grayImg 进行逆透视变换得到鸟瞰图像 birdeyeImg,然后对图像 birdeyeImg 进行自适应二值化处理得到二值图像 binaryImg。

步骤 4-2：对步骤 4-1 中的鸟瞰图像 birdImg 进行双极性分割提取候选区域，再使候选区域与二值化图像 binaryImg 进行融合，然后对融合图像进行轮廓提取，最后根据斑马线约束条件进行识别；所述的斑马线约束条件是指斑马线中白色条带的宽 W 满足 $40<W<50$,白色条带高 H 满足 $300<H<500$,白色条带间宽 w 满足 $55<w<65$,白色条带数量 N 满足 $3<N<10$,其中 W、H、w 单位是厘米。

步骤 5：判断斑马线识别结果的稳定性；所述的稳定性是指正确连续地识别到斑马线；利用帧间关联的连续性，来判断停止结果识别结果正确性和连续性，即当连续 3 帧图像都识别到斑马线时则认为稳定地识别到了斑马线。

上述步骤需要特别说明如下。

（1）步骤 1 中安装的单目摄像机要求具有自动曝光、感兴趣区域可设置、自动平衡等功能，以方便图像的采集及节约处理时间；安装的 GPS 装置不要求高精度，误差只要控制在 10m 就可以，其目的是可采用低精度 GPS 以降低成本。

（2）步骤 2 中的触发点信息结构（路口类型，距离）可以具体数字化（整型数据 L，整型数据 S），路口类型可以用 L=1 代表十字路口，L=2 代表丁字路口，如果还有其他类型的路口，可以依次扩展；距离 S 的单位是米（m）；触发点只在路口方圆 1000m（1 公里）范围内选取，目的是减少触发点的采集工作及减少 GPS 的发送运算开销。

（3）步骤 3 中的启动斑马线识别程序的分界距离 100m 可以根据实际使用情况进行变动，其变动的依据是智能车辆的行驶速度范围及每帧图像的处理时间，要求识别的帧数不少于 100 帧；如果车速范围为 36～108km/h，即 10～30m/s，那么智能车辆将在 3.3～10s 的时间范围内通过 100m 的路程；如果每帧图像的处理时间是 20 毫秒（ms），那么该路程内将识别 165～500 帧图像，所以小于 100m 时开始启动识别程序是满足实际应用的。

（4）步骤 4 中对原始图像先进行灰度化处理再逆透视处理会比先逆透视处理再灰度化的开销更小，从而进一步提高识别的实时性；逆透视处理之前需要先通过摄像机标定获取其内外参数及计算图像地面平面（图像坐标系）与实际路面平面（世界坐标系）的对应关系矩阵 H，H 也称为单应性，然后通过 H 对灰度图像进行逆透视变换。

（5）步骤 4 中判断斑马线的一些约束条件范围应该根据实际情况调整，根据交通部门规定的斑马线标准要求白色条带宽度规格是 45cm，规定白色条带长 300～500cm，规定白色条带间宽 60cm；白色条带数量 N 应根据鸟瞰图像的横向视野范围而改变，如视野范围 900cm，那么 N 约等于 900/(45+60)±1。

（6）步骤 5 中判断是否稳定识别时的条件是连续 3 帧图像识别到斑马线，其中的 3 帧是根据鸟瞰图像的视野范围及车速共同决定的，在车速极慢或者视野能看得很远时可以将这一条件放大一些，如 5 帧，反则也可以是 2 帧图像。

本方法的优点在于以下几个方面。

（1）充分利用空间关联提高了斑马线识别的实时性、降低了识别开销、节约了成本、减少了错误识别的机会；克服了传统识别方法中只基于视频图像识别带来的开销大、误检高的缺点，因为传统的识别方法需要对所有道路图像进行识别，没有斑马线的路段也要识别，如高速公路，这样就加大了运算开销、提高了硬件成本，而且还增大了误检率。

（2）充分利用时间关联提高了斑马线识别的正确率；时间关联就是帧间关联，根据图像连帧间图像内容变化小的特点，判断相连数帧图像的识别结果是否一致来判断识别的稳定性和正确性，这样极大地提高了识别的正确性，虽然也会造成一定的漏检，当符合智能车决策的要求，即返回给决策层的识别结果必须是可靠的，否则将会干扰决策判断；传统的识别方法只对单帧图像做处理，识别结果很不稳定，常常会出现误检，即本来道路上没有斑马线却识别出有斑马线，这样不满足实际的应用。

第 8 章　停止线识别与测距

安全驾驶、智能交通越来越受人们关注和重视，无人驾驶智能车的研究也已成为热点。停止线是重要的交通标识，因此，停止线识别技术是智能车无人驾驶技术的重要组成，正确的停止线识别可以保证智能车辆能够在城市路口中避免闯红灯、避免碰撞到人行道上的行人，从而提高无人驾驶的安全性，同时智能车辆可以将停止线作为起点线按照固有的行驶轨迹安全渡过路口区。因此，停止线的正确、实时识别对智能车无人驾驶有着很重要的作用。在无人驾驶技术中，除了需要准确地识别出停止线外，还需要精确计算出停止线离智能车辆的距离。

8.1　停止线的特征及其作用

8.1.1　停止线的特征

在 GB9768-2009《道路交通标志和标线》中对停止线的设置及规格有着详细的规定，如图 8-1 所示。

（1）停止线可设置于交叉路口、铁路平交道口、左弯待转区的前端、人行横道线前及其他需要车辆停止的位置。

（2）停止线为白色实线。双向行驶的路口，停止线应与对向车行道分界线连接；单向行驶的路口，其长度应横跨整个路面。停止线的宽度，根据公路等级、交通量、行驶速度的不同选用 20cm、30cm 或 40cm。

（3）停止线应设置在有利于驾驶人观察路况的位置。当设有行人横道时，停止线应距人行横道 100～300cm。

（4）停止线对横向公路左转弯机动车正常通行有影响的，可适当后移，或部分车道的停止线作适当后移，后移距离可为 100～300cm。

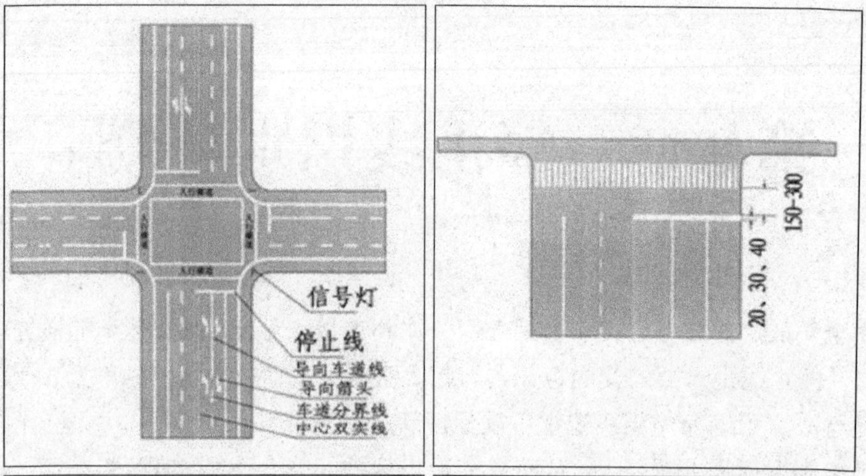

信号灯路口的停止线　　停止线的尺寸　单位：cm

图 8-1　停止线及其规格

停止线的特征很单一，简单描述就是一根横着的白色实线，如图 8-2 所示。

图 8-2　智能车内摄像机拍摄的停止线图像

8.1.2　停止线的作用

停止线特征虽然简单，但是意义却很大，在无人驾驶智能车视觉导航起着关键的作用。其作用有两方面，分别是交规要求方面和对其他模块（或决策）贡献方面。

1．交规要求方面

根据《中华人民共和国道路交通安全法实施条例》第五十一条规定：机动车通过有交通信号灯控制的交叉路口，遇停止信号时，依次停在停止线以外。没有停止线的，停在路口以外。在交通路口，红灯亮时，车辆应该停在停止线处。

2．对其他模块（或决策）贡献方面

当遇到十字路口需要转弯时，可以以停止线为起点以固定角度进行转弯换道，

如图 8-3 所示。

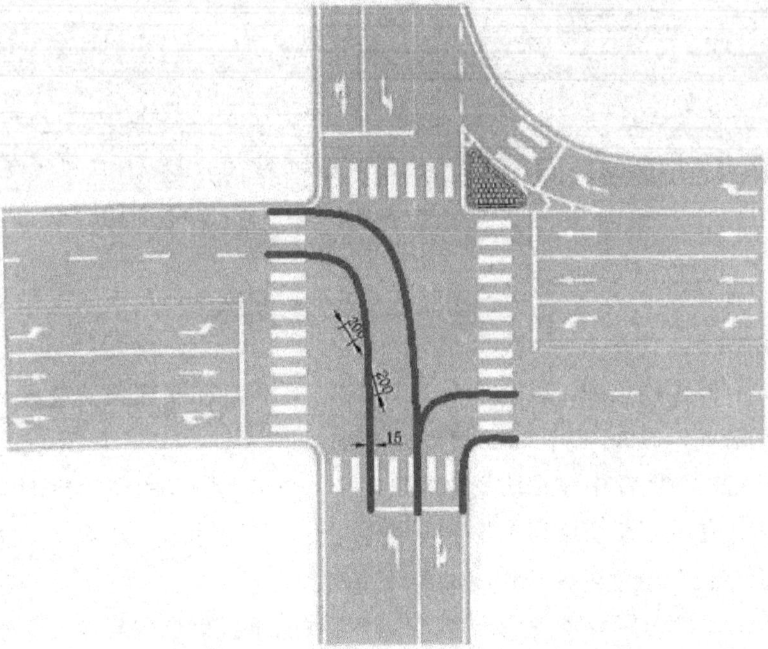

图 8-3　基于停止线的智能车路口导航示意图

8.2　停止线识别方法

在讨论停止线识别之前，我们先讨论停止线在实际道路中识别时遇到的问题。我们知道，停止线形状特征很简单，正是因为其特征极其简单，所以识别起来很困难，总结有以下几个难点，如图 8-4 所示。

（1）在实际道路中由于道路磨损或者泥土等污渍遮掩造成停止线不完整，增加了识别难度。

（2）在透视图像中，停止线是变形的，由远到近停止线的上下宽度和左右长度都是变化的，不利于停止线的特征提取与识别。

（3）在实际道路环境中，除了停止线是横着的直线外，还有停让线、减速带等地面标志，所以容易造成误识别。

图 8-4　停止线检测的难点

针对上述的三个难点，在我们实际的无人驾驶智能车项目中是有相应的解决方案的，具体如下。

（1）针对停止线破损、遮盖等不完整情形，一般是在图像预处理的时候尽量增强停止线信息，同时采用线段连接的方法使其完整；

（2）针对透视图像中停止线变化大的问题，基本上所有的停止线识别方法都是基于逆透视图像的，在逆透视图像上识别停止线，能除除这一影响，保证停止线由远到近在逆透视图像中宽度和长度都是一致的；

（3）针对真实道路环境中会出现类似停止线的干扰信息的问题，一般都是利用时空关联信息来加以判断，如停止线一般都是出现在路口，所以同时还有斑马线和红绿灯等信息，结合这些先验知识可以消除错误识别。

根据上述的解决思路，现有基于单帧图像的停止线识别方法有两种，分别是基于边缘的识别方法和基于特征约束的识别方法。以下将具体介绍每种方法。

1. 基于边缘的停止线识别方法

基于边缘的停止线识别方法的核心思想是通过上升沿和下降沿提取停止线的上下边缘信息，然后再进行直线检测，最后特征匹配。基于边缘的停止线识别方法的流程图如图 8-5 所示。

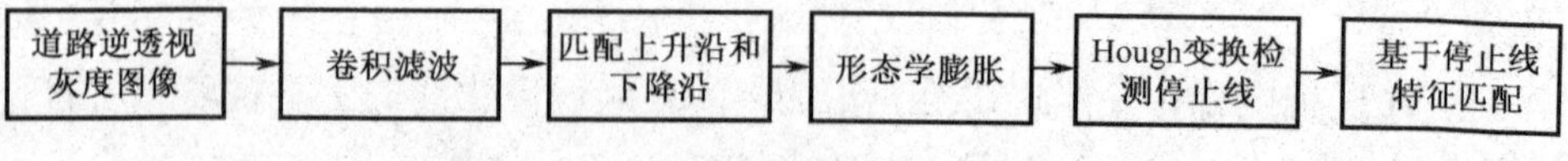

图 8-5　基于边缘的停止线识别方法的流程图

基于边缘的停止线识别方法的实现步骤。

步骤 1：首先通过选取合适的卷积核，在灰度图像上进行卷积滤波，将停止线的上升沿和下降沿信息提取出来。

步骤 2：然后将两者进行匹配，可以得到停止线候选区域。

步骤 3：最后利用 Hough 变换将其检测出来，再做进一步的特征匹配。

如图 8-6 所示，是基于边缘的停止线识别方法关键步骤的结果。

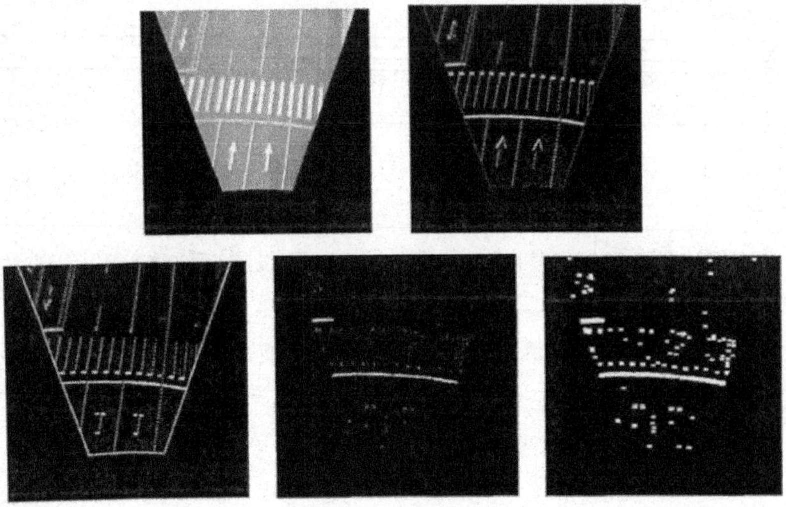

图 8-6　关键步骤实验结果

在图 8-6 中，从左往右分别是 IPM 图像、上升沿图像、下降沿图像、上升沿下降沿匹配图像，以及膨胀图像。如图 8-7 所示是基于边缘的停止线识别方法的识别结果。

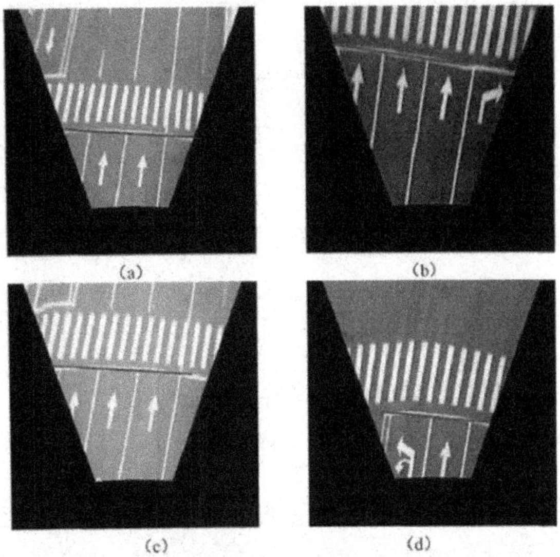

图 8-7　基于边缘的停止线识别方法的识别结果

2．基于特征约束的停止线识别方法

基于特征约束的停止线识别方法的实现步骤如下。

步骤 1：通过智能车辆上的摄像机，以 20～50 帧/秒的帧率实时获取智能车辆前方道路的图像 Src_Image，对获取的原始图像 Src_Image 进行逆透视变换得到道路画面的鸟瞰图像 Bird_View；对图像 Bird_View 进行车道线检测，沿着本车道的两条车道线从图像 Bird_View 中裁剪出本车道区域图像，在此基础上进一步剪切，从上至下分成 5 份，截取出图像中的中间 3 份作为感兴趣区域图像 ROI_Image。

步骤 2：对图像 ROI_Image 进行灰度化、自适应二值化、canny 边缘提取、形态学腐蚀膨胀，获得二值化图像 Dst_Bw。

步骤 3：对二值化图像 Dst_Bw 进行霍夫线变换，获取图像中的所有水平直线，当直线长度大于图像宽度的五分之四时，则认为该直线为停止线。

基于特征约束的停止线识别方法的流程图如图 8-8 所示。

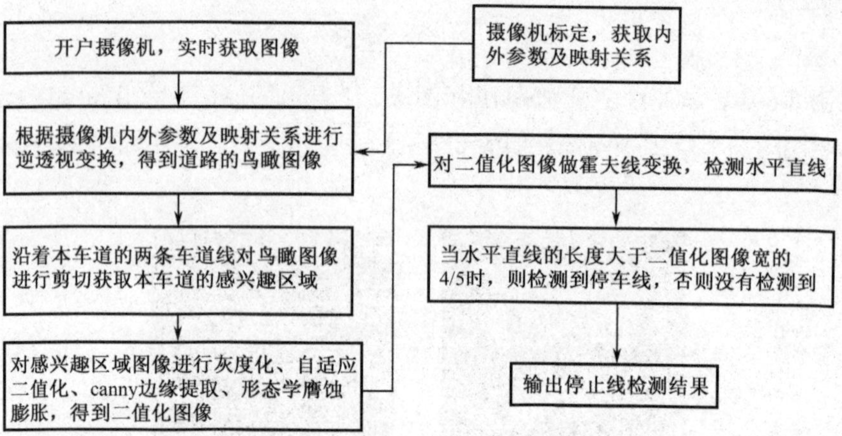

图 8-8　基于特征约束的停止线识别方法的流程图

8.3　基于时空关联的停止线识别方法

在 8.2 节中介绍了两种基于单帧图像的停止线识别方法，但是由于真实道路的环境复杂，识别的正确率不高并且很容易出现误识别。在无人驾驶智能车项目中，常常是使用基于时空关联的停止线识别方法来进行停止线识别。因为停止的设置是先验约束的，即停止线都是出现在路口中，那么路口附近就有红绿灯、斑马线等其他交通标志，但由于有的路口没有红绿灯，所以一般都是通过 GPS 导航系统提示路口信息，以及结合斑马线识别结果来判断停止线识别的准确性。

（1）基于时空关联的停止线识别方法的流程图如图 8-9 所示。

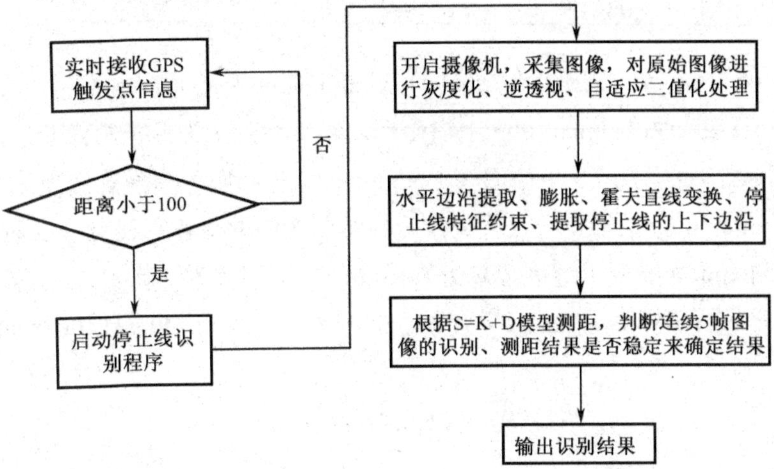

图 8-9 基于时空关联的停止线识别方法的流程图

（2）基于时空关联的停止线识别方法的实现步骤。

步骤 1：传感器安装。

步骤 1-1：将单目摄像机安装在智能车辆内后视镜的正下方并与车体的纵向坐标轴平行，相对车体横坐标的位移为零，安装单目摄像时，应保证摄像机能够采集到车辆前方清晰的道路图像。

步骤 1-2：将 GPS 装置安装在智能车顶平面处并使其位于智能车辆中心线上；GPS 装置精度要求不高，误差控制在 10m 以内。

步骤 2：实时接收 GPS 的路口触发点信息，所述的路口是指智能车辆所在的路段中离智能车辆最近的路口；所述的触发点信息结构为类型、距离，其中类型有十字路口、丁字路口两种类型，距离是指智能车辆离路口中心的距离，单位为米（m）。

步骤 3：当接收的距离小于 100m 时，立即启动停止线识别程序；当接收的距离大于 100m 时，关闭停止线识别程序，从而极大地减少了运算开销和错误识别。

步骤 4：停止线识别。

步骤 4-1：从摄像机中获取原始路面图像 Img,先对图像 Img 进行灰度化处理得到灰度图像 grayImg,再对图像 grayImg 进行逆透视变换得到鸟瞰图像 birdeyeImg,

然后对图像 birdeyeImg 进行自适应二值化处理得到二值图像 binaryImg。

步骤 4-2：对步骤 4-1 中的图像 binaryImg 进行水平边沿提取得到图像 HedgeImg，所述的水平边沿提取是指将图像从黑白交界处水平方向提取来，具体做法是对图像由上往下进行像素遍历，当遍历的像素值与其下一个像素值不相等时，将这两个像素值都赋值为 255，否则都赋值为 0；其计算公式表达为：

$$p(w,h)=p(w,h+1)=\begin{cases}255, & p(w,h)\neq p(w,h+1)\\ 0, & \text{其他}\end{cases}$$

其中 $w\in(0,width)$, $h\in(0,height-1)$,width,height 分别是图像 binaryImg 的宽和高， $p(w,h)$ 表示图像 binaryImg 中横坐标、纵坐标分别为 w,h 的像素值。

步骤 4-3：对步骤 4-2 中的图像 HedgeImg 进行膨胀处理得到图像 dilateImg,然后对图像 dilateImg 进行霍夫直线变换，检测图像中的所有直线并计算每条直线与水平的夹角 rho 和长度 length,单位分别是度（°）和像素（pixel）；由霍夫直线变换可知直线的两个端点 $P_1(x_1,y_1)$和 $P_2(x_2,y_2)$，则水平的夹角 rho 和长度 length 的计算公式为：

$$\theta=\arctan(\frac{y_2-y_1}{x_2-x_1})\times 180/\pi$$

$$rho=\begin{cases}90, & x_1=x_2\\ -\theta, & x_1\neq x_2\text{且}\theta\leqslant 0\\ 180-\theta, & x_1\neq x_2\text{且}\theta>0\end{cases}$$

$$lenght=\sqrt{(x_1-x_2)^2+(y_1-y_2)^2}$$

从满足 $0\leqslant rho\leqslant 20\text{或}160\leqslant rho\leqslant 180$ ， $50\leqslant length\leqslant 100$ 的直线中找两条平行线并且计算平行线间的距离 s，当 s 满足 $5\leqslant s\leqslant 15$ 则认为检测到停止线，其中这两条平行线分别是停止线的上下边沿；将这两条直线画在图像 linesImg 中。

步骤 5：判断停止线识别结果的稳定性；所述的稳定性是指正确连续地识别到停止线；利用帧间关联的连续性，来判断停止结果识别结果正确性和连续性，即当连续 5 帧图像都识别到停止线并且停止线与智能车辆的距离呈现由大到小的变化过程时，则认为稳定地识别到了停止线。

上述步骤需要特别说明如下。

步骤 1 中安装的单目摄像机要求具有自动曝光、感兴趣区域可设置、自动白平衡等功能，以方便图像的采集及节约处理时间；安装的 GPS 装置不要求高精度，误差只要控制在 10m 就可以，其目的是可采用低精度 GPS 以降低成本。

步骤 2 中的触发点信息结构（路口类型，距离）可以具体数字化（整型数据 L，

整型数据 S)，路口类型可以用 L=1 代表十字路口，L=2 代表丁字路口，如果还有其他类型的路口，可以依次扩展；距离 S 的单位是米（m）；触发点只在路口方圆 1000m（1 公里）范围内选取，目的是减少触发点的采集工作，以及减少 GPS 的发送运算开销。

步骤 3 中的启动停止线识别程序的分界距离 100m 可以根据实际使用情况进行变动，其变动的依据是智能车辆的行驶速度范围及每帧图像的处理时间，要求识别的帧数不少于 100 帧；如果车速范围为 36～108km/h，即 10～30m/s，那么智能车辆将在 3.3～10 秒的时间范围内通过 100 米的路程；如果每帧图像的处理时间是 20 毫秒（ms），那么该路程内将识别 165～500 帧图像，所以小于 100m 时开始启动识别程序是满足实际应用的。

步骤 4 中对原始图像先进行灰度化处理再逆透视处理会比先逆透视处理再灰度化的开销更小，从而进一步提高识别的实时性；逆透视处理之前需要先通过摄像机标定获取其内外参数，以及计算图像地面平面（图像坐标系）与实际路面平面（世界坐标系）的对应关系矩阵 $\boldsymbol{H}$，$\boldsymbol{H}$ 也称为单应性，然后通过 $\boldsymbol{H}$ 对灰度图像进行逆透视变换。

步骤 4 中判断停止线的一些约束条件范围应该根据实际情况调整，根据交通部门规定的停止线标准要求，其宽度（上下边沿的距离）规格是 20cm、30cm、40cm 三种，规定每个车道的宽度为 3.3～4.5m，所以 length、s 的具体范围与 k 有关。

基于时空关联的停止线识别方法不仅可以使停止线识别满足实际应用时的实时性，还可以保证识别正确率为 100%，此外还极大地降低了计算机运算开销。

基于时空关联的停止线识别方法的实验结果如图 8-10 所示。

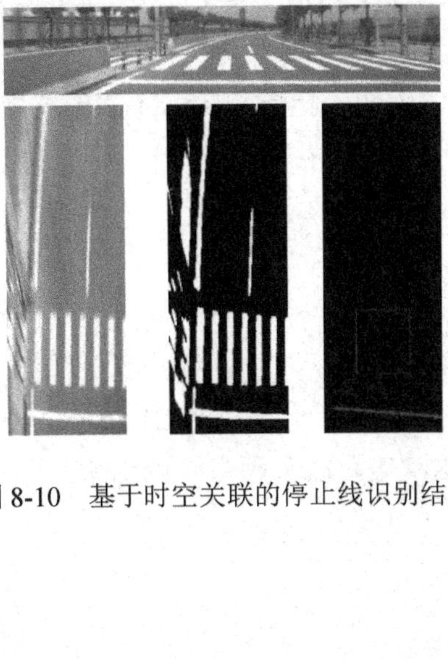

图 8-10　基于时空关联的停止线识别结果

8.4 停止线测距

上文中介绍了如何进行停止线识别，但识别不是目的，计算出停止线离无人驾驶智能车的距离才是目的。当停止线正确识别后，如何进行停止线测距呢？

我们先介绍 S=K+D 模型，如图 8-11 所示。

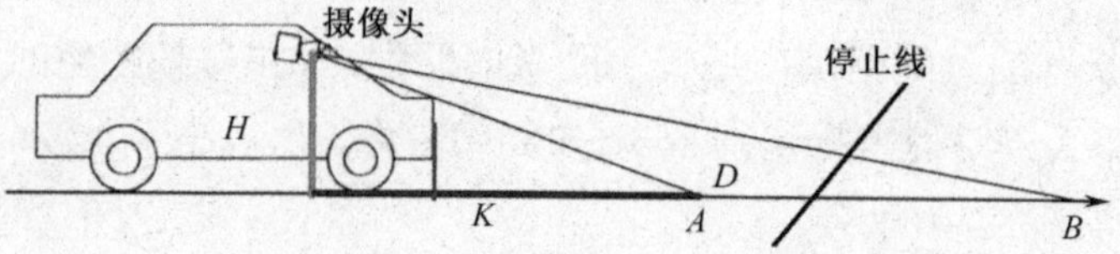

图 8-11 S=K+D 模型

通过 S=K+D 模型我们发现，由于摄像机的位置等原因，摄像机视野有一个盲区，即看不到车辆近周围的信息，我们需要的是停止线与车辆的距离，那么就需要盲区距离 K 和图像距离 D。K 是固定不变的，只需要人工测量即可，关键是 D 的计算。

在本书中多次提到逆透视图像，逆透视图像也常用于路面交通标示的检测和识别，那么停止线测距也是利用逆透视图像的线性特点。停止线测距的具体实现步骤如下。

步骤 1：将智能车辆停在路面上，从摄像机中获取一张原始图像，找出图像的下边界所在路面上的位置，然后再测量该位置与车辆最前方处的地面距离（贴着地面测量）K，K 也称为摄像机的盲区距离，单位为厘米（cm），要求测量误差控制在 5cm 内。

步骤 2：利用鸟瞰图像中像素距离与实际距离的线性关系可以计算出实际距离与像素距离的比值 k,单位是 cm/pixel。

步骤 3：计算停止线下边沿得到中心点 $\left(\dfrac{x_1+x_2}{2},\dfrac{y_1+y_2}{2}\right)$ 与图像低端中心点 $(width/2, height-1)$ 的像素距离 d，单位 pixel。

步骤 4：根据步骤 2 和步骤 3 计算停止线下边沿与图像最底端的实际距离 $D=d\times k$；则停止线下边沿离智能车辆最前处的距离为 $S=K+D=K+d\times k$。

如图 8-12 所示，是这次停止线测距方法的结果。

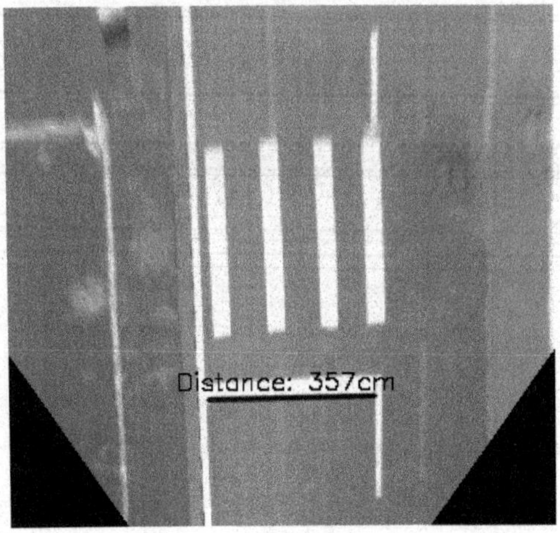

图 8-12　停止线测距结果

第 9 章　导向箭头识别

9.1　导向箭头的特征和类型

在 GB9768-2009《道路交通标志和标线》中，指出导向箭头共有 11 种类型，如表 9-1 所示。

表 9-1　导向箭头的 11 种类型

导向箭头	含义	导向箭头	含义
	指示直行		指示前方可直行或左转
	指示前方左转		指示前方右转
	指示前方可直行或右转		指示前方掉头
	指示前方可直行或掉头		指示前方可左转或掉头
	指示前方道路 仅可左右转弯		提示前方道路有左弯 或需向左合流
	提示前方道路有右弯 或需向右合流		

导向箭头的尺寸按照不同的设计速度不同的道路产生改变，分为车速不大于 40km/h，车速大于 40km/h 而小于 100km/h 的道路，设计速度大于等于 100km/h 的道路。导向箭头的颜色为白色，可根据实际车道导向需要设置，组合使用时不宜超过两种方向。

在采集的地面图像中，导向箭头具有以下特点：位置较为固定；在图像中占据像素数目较多；种类比较固定；尺寸变化少；同一车道标志较为连贯。导向箭头具有的以上特点，便于检测识别工作的开展。

在实际路段中，导向箭头的图案存在以下的不足之处，为识别工作增加了困难。

标志磨损较为严重，在采集的图像中，不能完整展示导向箭头的形状。

存在很严重的遮挡情况。实际道路上，导向箭头的图案存在被遮挡的情况。在车辆行人密集的区域，尤为明显。这些不足之处为识别工作增加了困难。

9.2 导向箭头的识别方法

导向箭头在采集到的路面图像中较为明显，现有的研究工作多是结合导向箭头的特点进行开展工作。导向箭头识别，仍有很大的研究空间。导向箭头隶属于地面交通标线，导线箭头的检测识别工作多是归于地面交通标线的检测识别工作中。导向箭头的识别流程如图 9-1 所示。

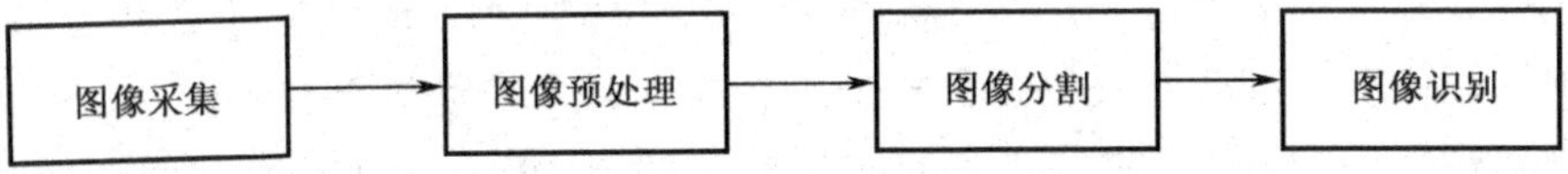

图 9-1 导向箭头识别的流程图

采集的导向箭头图像，因拍摄角度等因素，导致采集的地面导向箭头存在畸变的情况。

为了进行统一的检测识别工作，需要对采集的图像进行逆透视变换，对于变换后的图像，检测识别其中的交通标志。在透视变换后的图像中，同一车速车道上的相同地面导向箭头在尺寸上基本一致，可以采用统一的模板来进行检测、识别相应地面导向箭头。

地面导向箭头的识别工作多归于地面标线的识别，不单独进行检测识别。

在韩月林的《支持向量机在路面交通标志识别中的应用研究》中，为了解决因摄像机拍摄角度造成的图像畸变问题，建立了一种摄像机隐式模型，并采用了控制点快速获取的方法进行图像场景重建；采用了一种基于感兴趣区域的图像分割方法进行分割，并提取改进的 Hu 不变矩和放射不变矩特征组成特征向量，采用 SVM 分类器进行分类，取得了一定的效果。

在陈放的《道路交通标线检测识别与建图方法研究》中，为了检测和识别路面标志信息，提出了基于 Hu 不变矩和轮廓投影的路面标志识别方法。方法是用 7 个不变矩作为标志的主要信息。该方法使用 7 个不变矩阵作为标志的主要信息，并利用路面标志在其各轮廓线段方向的投影高度和轮廓线段方向，进一步区分轴对称标志。实验结果表明，该方法能够应对各类路面标志，准确率较高。

在王棚飞的《一种基于模板匹配的地面交通标志实时识别方法》中，介绍了一种结合先验知识和图像匹配的地面交通标志检测识别方法。算法包括两部分，预处理和检测识别。预处理阶段包括图像压缩、感兴趣区域提取、形态学处理、中值滤波和逆透视等步骤，实现图像降噪和正畸的目的，为检测识别做准备。检测识别阶段包括轮廓提取、面积过滤、图像匹配等步骤，从而判断待测图像是否含有地面交通标志及其种类。实验证明，该算法实时性好，鲁棒性强，准确率高。

9.3 基于时空关联的导向箭头识别方法

地面导向箭头的准确识别检测给车辆系统和驾驶人员提供引导信息，具有重要的作用。如何更加准确有效的提供相应的指引信息，是研究的热点。

在车辆行驶过程中，通过图像视频采集装置以 20～50 帧/秒的帧率实时获取智能车辆前方道路的图像。通过对每一帧图像进行检测识别，从而判断当前车辆行驶的车道的导向箭头内容和含义。当车辆由远及近驶向地面导向箭头的过程中，同一个导向箭头将会出现多次；在同一个路段中同一个车道中，相同的导向箭头会出现多次。合理利用导向箭头之间的时空关联性，能够提升检测识别工作的准确率。基于导向箭头的时间和空间连续性，在本书中，我们提出了一种基于时空关联的地面导向箭头识别算法。

算法具体内容如下。

（1）摄像机安装。本发明中将摄像头安置在汽车中央后视镜处，摄像机距离地面 1～1.2m。

（2）通过车辆上的摄像机，以 20～50 帧/秒的帧率实时获取智能车辆前方道路的图像 Src。结合先验知识与空间关联信息，我们可以得出当前车道的地面交通标志出现的区域范围。对获取的原始图像 Src 进行剪切，将图像上部 2/3 裁剪，取余下的 1/3，得到新的图像 Src_height；继续对图像 Src_height 裁剪，从图像的左侧到右侧，图像左侧为 0 宽度，图像右侧为 1 宽度，从 0.4 宽度部分开始裁剪，到 0.9 宽度截止，得到感兴趣区域 Src_roi；对感兴趣区域进行灰度变化，计算 R,G,B 通道值的平均值，作为灰度图像的灰度值 Gray，B,G,R 代表图像的三通道颜色值，得到新的图像 Src_roi，即

$$\begin{cases} \text{Gray} = 1/3\times(B+G+R) \\ B = \text{Gray} \\ G = \text{Gray} \\ R = \text{Gray} \end{cases}$$

对于灰度图像 Src_gray 通过双线性插值的方法，进行图像压缩，得到新的图像 Src_gs；对于一个目的像素，通过坐标反向变换得到的浮点坐标为($i+m$，$j+n$) (其中 i、j 均为浮点坐标的整数部分，m、n 为浮点坐标的小数部分，是取值[0，1)区间的浮点数，则这个像素的值 $f(i+m，j+n)$ 可由原图像中坐标为 (i，j)、($i+1$，j)、(i，$j+1$)、($i+1$，$j+1$)所对应的周围四个像素的值决定，即其中 $f(i，j)$表示源图像(i，j)处的像素值。

$$\begin{aligned} f(x+m,y+n) &= (1-m)(1-n)f(x,y) + (1-m)nf(x,y+1) \\ &+ m(1-n)f(x+1,y) + mnf(x+1,y+1) \end{aligned}$$

对于图像 Src_gs，进行自适应二值化处理，得到新的图像 Src_bw。通过计算某个像素的一定邻域($n\times n$)范围内像素的灰度的均值 c，通过减去预先设定的参数 θ，θ=26，得到该像素二值化的阈值 T（x，y），即

$$c = \frac{\sum\limits_{x-(n-1)/2}^{x+(n-1)/2} \cdot \sum\limits_{y-(n-1)/2}^{y+(n-1)/2} s(i,j) - s(x,y)}{n^2-1}$$

$$T(x,y) = c-\theta$$

$$\begin{cases} s(x,y) = 255, & s(x,y) > \text{T}(x,y) \\ s(x,y) = 0, & \text{s(x,y)} < \text{T}(x,y) \end{cases}$$

像素灰度在阈值 T（x，y）之下，将像素灰度值设为 0；像素灰度值在阈值之上，灰度值设为 255。对二值化后的图像进行腐蚀、膨胀操作，然后采用中值滤波的方式，对膨胀腐蚀过后的图像进行滤波处理，得到图像 Src_lb。对于滤波处理过后的图像 Src_lb 进行逆透视变换。逆透视变换实现两个坐标系 W（世界坐标系）和 I（图像坐标系）之间的转换。

$$W = \{(x, y, z)\} \in E^3$$
$$I = \{(u, v)\} \in E^2$$

E 代表欧式空间，E^3 代表三维欧式空间，E^2 代表二位欧式空间。

将车载摄像头安置在汽车中央后视镜处，摄像机在水平面的投影为世界坐标系的原点。车载摄像机安装在车体中的位置，在世界坐标系下的坐标为 $(0,0,h)$，摄像机标定的其他参数如下。

γ：摄像机光轴 o 在 $z=0$ 平面的投影与 y 轴的夹角。

θ：摄像机光轴 o 偏离 $z=0$ 平面的角度。

2α：摄像机的视角。

R_x：摄像机水平方向的分辨率。

R_y：摄像机垂直方向的分辨率。

发明中摄像机摆放位置固定。图像坐标系到世界坐标系的逆透视变换关系为

$$x = h \times \cot\left(\frac{2\alpha}{R_y - 1}u - \alpha + \theta\right) \times \sin\left(\frac{2\alpha}{R_x - 1}v - \alpha + \gamma\right)$$

$$y = h \times \cot\left(\frac{2\alpha}{R_y - 1}u - \alpha + \theta\right) \times \cos\left(\frac{2\alpha}{R_x - 1}v - \alpha + \gamma\right)$$

$$z = 0$$

经过透视变换后，得到图像 Src_IP。

在 Src_IP 图像中，选择污损程度较少，整体性完整的地面交通标志作为我们待匹配的图像，即模板图像。每一种地面交通标志选择一种待匹配的图像。手动截取各个地面交通标志平行于坐标轴的外接矩形内部区域，templ_i 一共得到六种模板图像，直行箭头模板 templ_1、左转箭头模板 templ_2、右转箭头模板 templ_3、直行加左转箭头模板 templ_4、直行加右转箭头模板 templ_5、掉转箭头模板 templ_6。

在逆透视过后的图像中，进行边缘提取、轮廓提取。对每个轮廓进行平行于坐标轴的外接矩形求解。找出完整地面交通标志的轮廓外接矩形，从而将外接矩形内部区域截取出来。

此时我们可以得到轮廓的外接矩形的坐标。该过程需要我们将不完整的图案轮廓滤除。在求解外接矩形过程中，若外接矩形与待测区域图像边缘部分重合，将此图案滤除，保证获得完整的轮廓。将保留的轮廓进行填充，得到连通域。二值图中的连通域面积是一个连通域中白色像素点的个数和。通过面积过滤，可以将部分噪

声进行过滤，提升鲁棒性和准确率。

$$area = \sum\sum S(x,y)$$

当二值化图像中像素点 $S(x,y)$灰度值为 255 时，$S(x,y)$的值为 1；当 $S(x,y)$灰度值为 0 时，$S(x,y)$值为 0。

遍历二值图中所有连通域，求取所有连通域的面积。由于地面交通标志种类不同，所以选取不同条件下最远距离获得的面积最小值和最近距离获得的面积最大值作为阈值，面积满足[min_area，max_area]阈值范围内的轮廓保留，对应的连通域进行保留。

$$\begin{cases} s(x,y) = 255, \ \min\_area <= area <= \max\_area \\ s(x,y) = 0, \quad area >= \max\_area \ \ or \ \ area <= \min\_area \end{cases}$$

面积阈值范围的确定，对于 Src_IP 中出现的地面交通标志，通过由远及近测量各个完整的地面交通标志的面积，max_area 为面积最大值，此处为 3000，min_area 为面积最小值，此处为 500。经过面积过滤之后，对图像继续进行宽高比过滤。选取不同条件下六种地面交通标志在最远距离与最近距离之间的所有图像，计算其外接矩形宽度与高度之比，求取比例系数的并集，得出宽高比范围[β_min,β_max]。β_min 此处为 2.5，β_max 此处为 8.5。外接矩形宽高比满足该范围的轮廓保留。

$$\beta = {}^{w}\!/_{h}$$

$$[\beta\_\min, \beta\_\max] = \beta_1 \cup \beta_2 \cup \beta_3 \cup \cdots \cup \beta_i \cup \cdots$$

$$\begin{cases} s(x,y) = 255, \ \beta\_\min <= \beta_i <= \beta\_\max \\ s(x,y) = 0, \quad \beta_i >= \beta\_\max \ \ or \ \ \beta_i <= \beta\_\min \end{cases}$$

对于剩余的轮廓进行填充，将填充的轮廓截取出来，得到新的图像 diff_j。此时，将图像 templ_i 和 diff_j 归一化为相同尺寸。计算待检测的地面交通标志图像 diff_j 与预先设定好的标准的地面交通标志图像之间的 templ_i 欧式距离 D，来判断二者之间的相似度，相似度最高的一组，即认为二者之间匹配程度最高。

$$D = \sum\sum\sqrt{\left(\mathrm{diff\_j\_}(x) - templ\_i(x)\right)^2 + \left(\mathrm{diff\_j\_}(y) - templ\_i(y)\right)^2}$$

D 取得最大时则认为该组标准图像与连通域之间的匹配程度最高，是最匹配的情况。在找到最匹配的连通域与标准图像之后，通过差值识别的方法，继续进行地面交通标志的识别。计算待标准图像 temp_i_bw 和其最相似的检测图像 diff_j 的像素差值 Sum_i_r。

$$\mathrm{Sum\_i\_r} = \left|\sum\sum diff\_\mathrm{j}\_(x,y) - templ\_i\_bw(x,y)\right|$$

将车辆由远及近驶向地面交通标志的过程所采集的图像，进行透视变换，然后进行分割，将其中的地面交通标志人为剪切出来，做成新的图像。并与事先选定的相应标准图像，进行图像相减，通过大量实验，取得差值范围的并集，作为我们的差值识别过程中的阈值范围(T_i_min，T_i_max)。此处 T_i_min 为 0，T_i_max 为 1300。每一个标准图像对应一组范围。将图像像素差值 Sum_i_r 与预先设定的阈值(T_i_min，T_i_max)相比较，若 Sum_i_r 在阈值(T_i_min，T_i_max)范围内，则图像 Src_bw 中含有相对应的标准图像 templ_i 所代表的交通标志，就可以输出此时待匹配图像所含有的指示信息；否则，不含有相对应的指示信息。

智能车辆行驶过程中采集到的是完整的视频。仅仅对图片进行检测，会产生实验误差，影响车辆的行驶。地面交通标志提供的导引信息，具有连贯性和可持续性；同时，车载 GPS 等定位装置，可以给予更多的辅助信息，减少实验误差，提升准确率。

结合时空关联性，对于同一个地面交通标志，多次检测结果，中间的某一次出现错误的时候，我们自动滤除错误的识别结果。对于同一个地面交通标志，我们通常会有 N 帧图像可以用来检测。

前 n 帧图像，检测为直行标志，第 n+1 帧检测为非直行标志，n+2 帧检测为直行标志，N-n-2 为直行标志，则认为第 n+1 帧为错误识别结果，此标志为直行标志。

前 n 帧图像，检测为左转标志，第 n+1 帧检测为非左转标志，n+2 帧检测为左转标志，N-n-2 为左转标志，则认为第 n+1 帧为错误识别结果，此标志为左转标志。

前 n 帧图像，检测为右转标志，第 n+1 帧检测为非右转标志，n+2 帧检测为右转标志，N-n-2 为右转标志，则认为第 n+1 帧为错误识别结果，此标志为右转标志。

前 n 帧图像，检测为左转直行标志，第 n+1 帧检测为非左转直行标志，n+2 帧检测为左转直行标志，N-n-2 为左转直行标志，则认为第 n+1 帧为错误识别结果，此标志为左转直行标志。

前 n 帧图像，检测为右转直行标志，第 n+1 帧检测为非右转直行标志，n+2 帧检测为右转直行标志，N-n-2 为右转直行标志，则认为第 n+1 帧为错误识别结果，此标志为右转直行标志。

前 n 帧图像，检测为掉转标志，第 n+1 帧检测为非掉转标志，n+2 帧检测为掉转标志，N-n-2 为掉转标志，则认为第 n+1 帧为错误识别结果，此标志为掉转标志。

车辆位于同一车道上，同一地面交通标志出现次数大于等于三次。

多车道的情况下，调转箭头、左转、右转、左转直行箭头、右转直行箭头不会出现在中间车道。

我们选择了一幅具有代表性的路面图片，进行检测识别，说明整个算法流程，如图 9-2 所示。

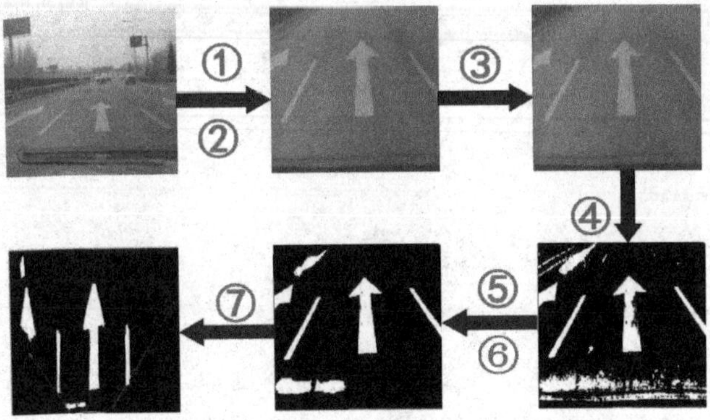

图 9-2　预处理步骤的实验结果

图中数字代表具体处理过程：①图像压缩；②感兴趣区域选取；③图像灰度化；④图像自适应阈值二值化；⑤形态学处理；⑥滤波；⑦逆透视。

检测识别阶段如图 9-3 所示。图中数字代表具体处理过程：⑧边缘提取；⑨轮廓提取；⑩求外接矩形；⑪面积过滤；⑫宽高比过滤；⑬提取符合要求区域；⑭归一化大小；⑮图像匹配；⑯基于时空关联的差值识别。

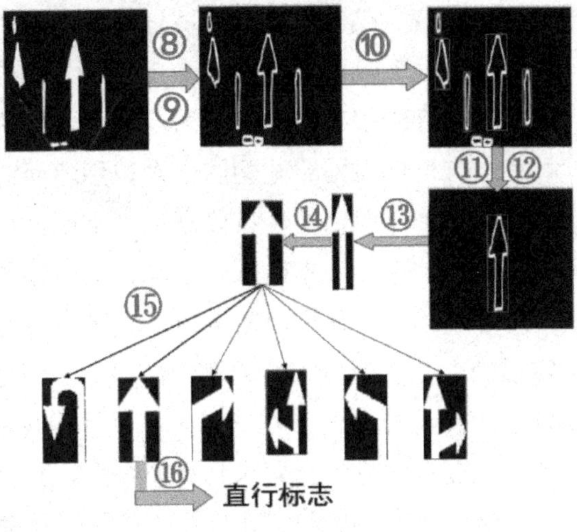

图 9-3　检测识别过程

第 10 章　交通信号灯识别

10.1　交通信号灯识别简述

随着城市环境的日益发展，道路交通的日益复杂，信号灯的识别也起到了日益重要的作用。信号灯的识别不仅可以辅助健全人，甚至可以帮助色盲、色弱人群安全驾驶，另外可以应用于智能车上，保障智能车在路口的安全通行。

10.1.1　交通信号灯识别的意义

识别的意义包括如下两个方面。

（1）信号灯的识别可以辅助司机及色盲色弱人群安全驾驶汽车。

公路安全行车的隐患有很多，有很大一部分是由于信号灯问题而引发的交通事故。司机由于疏忽而未及时注意到信号灯，造成闯红灯等违法行为，或者长距离疲劳驾驶，发现了信号灯，却因发现晚而不能及时做出正确的操作，从而引发交通事故。司机粗心大意或者长时间行驶很容易漏掉信号灯信息，这就为交通事故埋下了隐患。在这一点上，本文的信号灯识别算法能够自动识别信号灯信息，并且及时输出结果，能够为司机起到提醒作用，辅助司机依据识别结果做出正确的操作。另一方面，色盲患者由于识别颜色的障碍而不能驾驶汽车，色弱患者由于分辨红绿色的能力有限，在驾驶汽车时容易违章，甚至造成事故。本算法不仅使色盲患者驾驶汽车成为了可能，而且可以辅助色弱患者安全驾驶，减少事故发生及人员伤亡。

（2）信号灯的识别应用在智能车上，在路口为车辆提供导航信息。

近年来，越来越多的研究学者将目光聚焦到智能车上。虽然我国在这方面的起步较晚，但是也取得了不错的研究进展和科研成果。我国已经举办了多年的智能车赛事，在 2013 年 11 月常熟举办的第五届中国智能车未来挑战赛中，来自武汉大学、清华大学、军事交通学院、北京理工大学和韩国首尔大学等 17 支车队的 18 辆无人车参赛，取得了不错的成果。信号灯的作用是实时的传递给驾驶者交通信息，对于智能车而言，信号灯信息可以辅助智能车在路口控制行车速度，识别障碍物，路径规划，及时做出判断。

2012 年美国内华达州已经为谷歌的智能车颁发车牌，允许其上路。美国加州宣布从 2015 年起将允许无人驾驶汽车行驶在加州的公路上。英国政府 2014 年 7 月宣布，将从 2015 年 1 月开始，在英国至多 3 个试点城市测试无人驾驶汽车。这也就意味着随着智能车的发展，信号灯的识别也将发挥不可替代的作用，并且拥有极大的发展与上升空间。

信号灯的识别算法涉及图像处理，机器学习等多个方面，并且可以应用到民用，甚至军用领域。因此，需要设计一个信号灯的识别算法，以此来帮助驾驶者和色盲色弱患者，并且可以在智能车上发挥作用，辅助智能车安全通过路口。

10.1.2　交通信号灯识别的方法

（1）信号灯的颜色特征是信号灯区别于其他物体的最显著特征。颜色识别依赖于颜色空间的选取，不同研究者采用的颜色空间也不同，常用的空间包括 HIS 颜色空间，HSV 颜色空间、RGB 颜色空间、Lab 颜色空间等。上述文献采用的方法都是在对应的颜色空间上，选取适合的红绿色的阈值，以此来识别信号灯的颜色。RGB 颜色空间是最基本的空间，但是 RGB 颜色空间的分量与亮度密切相关，因此阈值适应性不佳，很难在智能车上应用。除了 RGB 空间以外的上述其他空间，若被采用则需要经过空间转换，转换过程会耗费 一定的时间，所以实时性也是一个需要考虑的问题。

（2）单纯的利用颜色信息是无法完成对信号灯的识别工作的，因为在复杂的城市及乡村道路上，带有红绿色的实体物会对信号灯的识别造成干扰。所以大部分学者会结合颜色信息和形状信息来进行识别。和形状相关的特征包括以下几个：候选区域圆形度、计算候选区域圆形的标准差、hough 变换检测圆，我们知道常规的一组信号灯由 3 个圆形区域组成，分别是红色、黄色、绿色区域，这些特征都是检测信号灯的圆形区域的。当然，特征还包括计算候选区域的矩形度，该方法检测的是信号灯的矩形背板，计算背板的矩形度来判断检测的区域是否为信号灯。Cheng X 等人采用了模板匹配的方法，模板采用的是信号灯背板，所以对天气和图像的质量要求较高，模板不明显则直接影响算法准确率。Charette 和 akialso 也采用的是模板匹配的方法。Charette 等人利用了信号灯杆的几何形状信息，但是该方法对形状信息的依赖性太强。

（3）对于采用机器学习识别信号灯的方法，最主要的工作就是选取一个适合信号灯的特征及恰当的分类器。虽然准备样本占据了一定的工作量，但是该方法的准确率还是较高的。Cheng Chin Chiang 等人提取了信号灯的局部二值特征（LBP），采用分类器来训练识别。Zixing 采用了小波变换和分类器来识别箭头信号灯，但是单针处理时间达到了 152ms, Kim 用 SVM 分类器识别，但该方法只是应用在了夜晚的场景中。

（4）相对于以上的方法，先验地图的方法是准确率最高的方法，如谷歌智能车就是采用的该方法。但是该方法需要大量的设备支持，如摄像机、GPS、惯性传感器等，并且需要驾驶测绘车走到每一个路口，记录下信号灯的位置信息来制作先验地图，以便下次到达该路口时，依据 GPS 信息和先验地图就可知当前路口的信号灯位置了。

10.2 交通信号灯检测方法

关于信号灯，从颜色上来说，有红色、黄色及绿色之分，三种颜色变换有一定的规律可言。从类型上来说，有机动车信号灯，非机动车信号灯等，本文的研究对象主要是机动车信号灯。从安装方式来说，有门式和柱式两种，如图 10-1 所示。关于本文研究的机动车信号灯，形状又有圆形，左转箭头，直行箭头，右转箭头之分，所以本文主要针对以上几种情况进行检测识别与跟踪，部分信号灯如图 10-2 所示。

图 10-1　信号灯安装方式示意图

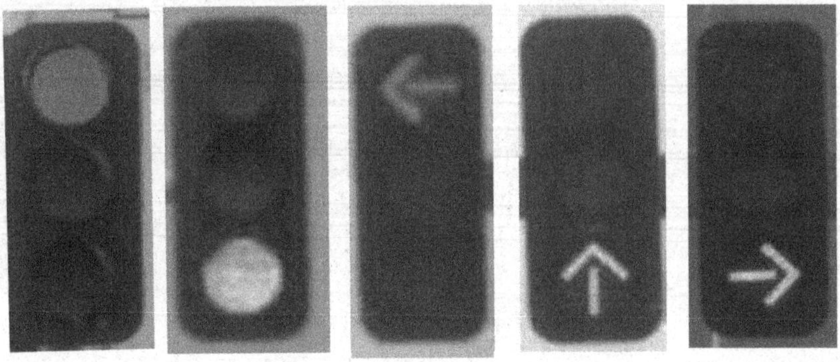

图 10-2　几种信号灯形状示例

信号灯检测主要分为以下几个部分，包括颜色空间选取，彩色图像分割，二值化，形态学处理，特征过滤等步骤。

10.2.1　颜色空间选取

对于信号灯来说，具有颜色，形状，纹理等多种特征，但是由于信号灯处于复杂的道路环境中，相对于其他物体来说，颜色无疑是最显著的特征，也是定位感兴趣区域的最重要一步。定位就要使用颜色分割，而颜色分割是基于特定的颜色空间完成的，常用的颜色空间有 RGB 空间，HIS 空间，HSV 空间，Lab 空间等。本文中的首要步骤就是选取一个合适的颜色空间，提取出符合信号灯特点的红绿色区域。通过颜色区域的选取，我们可以在图片中获得感兴趣区域，之后在感兴趣区域上进行一些过滤操作，既可以获得准确的信号灯区域。鉴于书中基础知识部分已对颜色空间做了描述，故这部分只对使用的空间进行介绍。

YCbCr 颜色空间是色彩空间的一种，在机器视觉领域有着广泛的应用，如人脸检测，车牌识别等。在 YCbCr 中，其中 Y 是指亮度分量，Cb 是指蓝色色度分量，而 Cr 是指红色色度分量。其中，如要应用该空间，需要经过 RGB 空间转换到 YCbCr 空间，转换公式为

$$\begin{cases} Y = 0.257 \times R + 0.564 \times G + 0.098 \times B + 16 \\ Cb = -0.148 \times R - 0.291 \times G + 0.439 \times B + 128 \\ Cr = 0.439 \times R - 0.368 \times G - 0.071 \times B + 128 \end{cases}$$

虽然 RGB 颜色空间常见，但是却受光照影响较大。YCbCr，HSI，HSV 空间使用时都需要经过空间变换，虽然都是线性变换，但是从转换时间上来说，前者比后两者的转换时间要短，更加符合实时性的要求。因此本文采取 YCbCr 空间，如

图 10-3 所示。

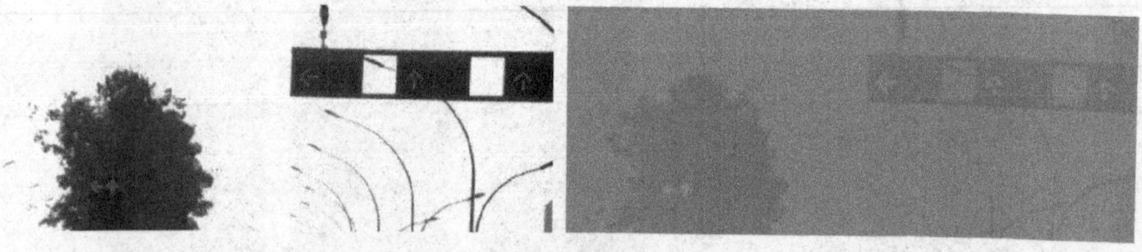

图 10-3　RGB 空间图像转 YCbCr 空间图像

10.2.2　图像分割

1．二值化

摄像机获得到的图片格式为 RGB,算法首先进行颜色空间转换，由 RGB 空间转换到 YCbCr 空间。在该空间下提取红色及绿色区域，排除不相关区域。之后利用二值化方法生成两张二值化图，分别为红色区域的二值化图和绿色区域的二值化图，以此将红色及绿色区域分别开来。

在二值化过程中，选取阈值是至关重要的一步。对于信号灯来说，信号灯自身在图片中所占位置较小，颜色区域不大。如果阈值范围过大，则会将大量带有红绿色的物体提取出来，例如，红色的交通标示牌等，为后期处理带来大量干扰。如果阈值范围过小，则会对信号灯的颜色提取不完全，二值化后的图片形状不完整，不利于识别。由于信号灯的自主发光特性，信号灯的边缘颜色不明显，如果阈值选取不当，则提取出的二值图形状不完整，失去了自身的形状特性。因此阈值的选取至关重要。关于阈值的选取有全局阈值和局部阈值之分。如果分割过程中对图像上每个像素使用的阈值都相等，则为全局阈值方法，反之，如果对图像上每个像素使用的阈值有可能不相等，则为局部阈值方法。如果图像中有阴影，对比度不同，背景灰度变化等情况，用固定的阈值不能兼顾图像的各种情况，很难对整幅图像进行分割。依据信号灯的实际情况，我们选择了全局阈值来对获取的图像进行处理。

对于摄像机获取到的路面视频，将其转化为一帧一帧的图像，依次对每帧图像进行处理。利用固定阈值提取每帧图像的红色及绿色区域，生成两张二值图，分别是红色及绿色区域的二值图。由于摄像机不同，摄像机内颜色通道值设置不同，曝光情况设定不同等，不能参考其他文献的设定阈值，本文选用的阈值是通过对本摄像机采集的大量信号灯图片进行颜色提取的实验得来。以红色信号灯为例，原图及二值图如图 10-4 所示。

图 10-4　二值化处理结果

2. 形态学运算

形态学运算是针对二值图像广泛应用在图像处理中的方法，包括膨胀、腐蚀、开、闭等运算。在图像处理里面，用于保持基本形状，去除不相关特征。

闭运算：先膨胀后腐蚀的过程称为闭运算。用来填充物体内细小空洞、连接邻近物体、平滑其边界的同时并不明显改变其面积。膨胀操作会使物体的边界向外扩张，如果物体内部存在小空洞的话，经过膨胀操作这些洞将被补上，因而不再是边界了。再进行腐蚀操作时，外部边界将变回原来的样子，而这些内部空洞则永远消失了。

$$CLOSE(X,B)=X^{B}=X.B=(X\ \mathrm{B})\otimes B$$

由于信号灯的颜色区域在进行颜色提取时，信号灯的中心区域容易出现空洞，会使其圆形等特征丢失，因此，本文对二值图进行了形态学闭运算。运算后的图像如图 10-5 所示。

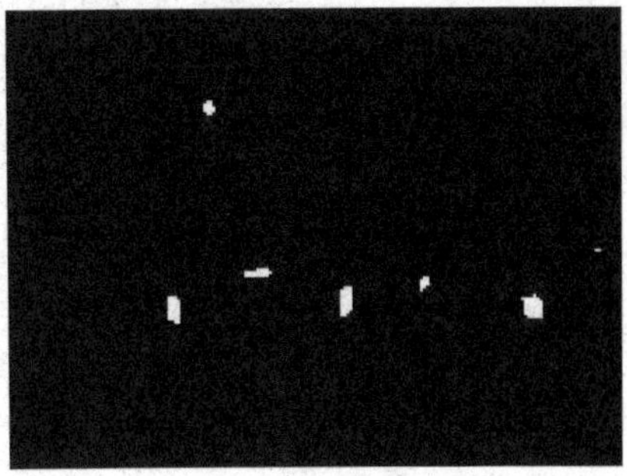

图 10-5　闭运算结果

闭运算操作过后，在图 10-5 中二值区域的一些细小空洞已经被填充，二值图上的红绿色物体的形状特征更加明显，有利于我们下一步的区域过滤。

3. 区域过滤

从图 10-5 中可以看出，经过颜色提取及二值化后，很大部分的非信号灯区域被排除掉了，因为这些物体本身不具备信号灯的颜色信息，但是经过颜色分割的二值图中仍然含有非信号灯对象，如车尾灯等，这些对象会给接下来的识别工作带来不必要的计算量，影响算法的实时性，所以应该尽量将这些对象删除。通过观察，发现信号灯区域有一些区别于其他物体的特征，可以通过这些特征过滤干扰区域。这些特征包括面积，形状，密度等。依次遍历二值图中所有轮廓，依据轮廓特征进行区域过滤，筛选出符合信号灯特征的区域。

通过统计大量的在 0～100m 范围内的信号灯的面积（包括圆形及 3 种箭头形信号灯），选取最大及最小的面积值作为阈值，同时适当放松阈值范围，以免误删。

如果二值图中有多个区域，则依次遍历所有的轮廓，分别计算轮廓面积，如果轮廓面积不在设定的阈值范围内，则将其过滤掉。

假定图像有 N_r 个候选区域，记为 $R_i, i=1,\cdots,N_r$。A 表示轮廓面积。

$$Bool\left(R_i(\mathrm{A})\right)=\begin{cases}1, A_{\max} \leqslant A \leqslant A_{\min} \\ 0\end{cases}$$

通过分析 0～100m 距离内的大量图片发现，信号灯区域的外接矩形的长宽比比较固定，接近于 1：1，但是由于前期处理过程可能会对二值图像的形状造成影响，所以在此对阈值的上下限给出了余量。外接矩形的长宽比在阈值范围内的区域将会被保留，否则将会被过滤掉。

$$R_{wh}={R_i(width)}\Big/{R_i(height)}$$

$$Bool\left(R_i(R_{wh})\right)=\begin{cases}1, 0.8 \leqslant R_{wh} \leqslant 1.2 \\ 0\end{cases}$$

定义轮廓密度 ρ 为其面积与像素和的比值。f(x,y)表示二值图中点（x,y）处的像素值，A 为轮廓面积。

$$\rho=\frac{A}{\sum_{i=1}^{m}\sum_{j=1}^{n} f(x,y)}$$

$$Bool\left(R_i(\rho)\right)=\begin{cases}1, \ \rho \geqslant 0.6 \\ 0\end{cases}$$

经过上述 3 个区域特征的过滤，条件都满足的区域被保留下来，外接矩形的长，宽已知，之后依次计算每个轮廓的中心坐标，为信号灯的识别做准备。

$$Filter(R_i)=\begin{cases} R_i, & Bool(R_i(\mathrm{A}))\cap Bool(R_i(R_{wh})) \\ & \cap Bool(R_i(\rho))=1 \\ 0, & others \end{cases}$$

经过区域过滤可以减少一部分的干扰区域，但不能过滤全部。过滤后的剩余区域如图 10-6 所示。

图 10-6　区域过滤后的结果

10.3　交通信号灯识别方法

信号灯的识别包括颜色及形状识别。本文中识别的颜色包括红色、绿色，识别的形状包括圆形，左转箭头，直行箭头，右转箭头。信号灯的颜色信息指示智能车的停与行，形状信息指示信号灯的行驶方向。信号灯的所占比例小，形状多样，所在道路情况也比较复杂，如果依照普通的颜色形状来识别信号灯，无法达到准确率的要求，本文采取了基于机器学习的方法来识别信号灯。识别的流程如图 10-7 所示。

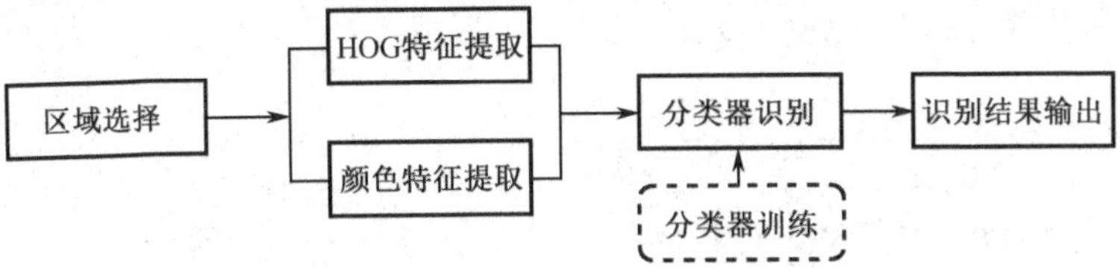

图 10-7　识别流程图

10.3.1　区域选择

在上述的检测过程中，我们能够有效提取到的就是信号灯的颜色区域，但是单纯提取颜色区域的特征不足以能够在复杂的图像中将信号灯识别出来，在这里，我们选择的区域是包括信号灯背板在内的矩形区域，示意图如图 10-8 所示。

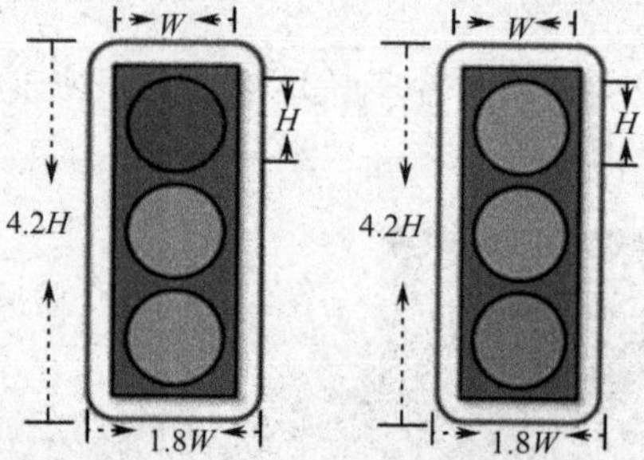

图 10-8　信号灯区域选择图

需要说明的是，此处采用的 4.2*H* 的长，1.8*W* 的宽不是严格的矩形背板范围，本文在这里做了一些范围的放大，目的是把背板边缘的部分也包括进来，也方便提取更加有效的特征，具体会在 HOG 特征提取中详细描述。

检测过程后，过滤掉了大多数非信号灯物体，又经过区域选择得出了多个待识别区域的坐标。将这些坐标信息存储起来，当进行到信号灯识别的部分时，依次在获取的原图上按顺序读取每个矩形区域来识别即可。

10.3.2　特征提取

关于信号灯特征的选取，可参考的文献不多，因为信号灯本身可以提取的特征非常有限，除了颜色特征比较明显外，其他的常用特征效果都不好。因此，本文采用的特征是 HOG 特征和颜色特征的结合。原因在于，首先颜色特征毋庸置疑是很明显的特征，其次通过实验发现，信号灯背板的梯度特征也足以描述背板信息。故最后将两个特征结合在一起，成为一个新的特征。

1. HOG 特征

HOG 特征是一种用来进行物体检测的特征描述子，广泛应用在计算机视觉和图像处理中。HOG 特征在 2005 年由 Navneet Dalal 和 Bill Triggs 在 CVPR 中提出，用于静态图像或者视频中的行人检测。HOG 能够描述图像的梯度强度和梯度方向的分布情况，所以其能较好的表示出局部图像的外观和形状。它的核心思想就是通过将整幅图像分割成小的连接区域（cell），每个 cell 生成一个方向梯度直方图，将这些直方图组合起来就可以表示出整个检测目标的描述子。与其他特征相比，HOG

特征得到的描述子保持了几何不变性和光学转化不变性。

HOG 特征实现的大致过程如下。

（1）灰度化（将图像看做一个 x,y,z（灰度）的三维图像）。

（2）采用 Gamma 校正法对输入图像进行颜色空间的标准化（归一化）；目的是调节图像的对比度，降低图像局部的阴影和光照变化所造成的影响，同时可以抑制噪音的干扰。

（3）计算图像每个像素的梯度（包括大小和方向）；主要是为了捕获轮廓信息，同时进一步弱化光照的干扰。

（4）将图像划分成小 cells（如 6×6 像素/cell）。

（5）统计每个 cell 的梯度直方图（不同梯度的个数），即可形成每个 cell 的描述子；

（6）将每几个 cell 组成一个 block（例如 3×3 个 cell/block），一个 block 内所有 cell 的特征描述子串联起来便得到该 block 的 HOG 特征描述子。

（7）将图像 image 内的所有 block 的 HOG 特征描述子串联起来就可以得到该 image（你要检测的目标）的 HOG 特征描述子了。这个就是最终的可供分类使用的特征向量了。

2. 分块颜色直方图特征

对于信号灯这个物体来说，颜色特征显著是显而易见的，所以在进行信号灯整体特征提取时加入了其颜色特征。不过本次不是简单的提取了颜色空间特征，而是采用了分块颜色直方图特征。

结合信号灯的实际特点，本文采用了分块颜色直方图来描述信号灯的颜色特征。在识别过程中，如果有干扰物对信号灯的部分做了遮挡，会影响传统直方图的分布，从而影响准确率。采用分块颜色直方图，把待测图像分成多个小区域，目标的局部颜色特征将在整个特征向量中体现，可以反映信号灯的局部颜色信息，所以即使有信号灯的部分被遮挡，遮挡部分对整体的影响也是仅在遮挡部分的子直方图中，不会影响其他未受干扰子区域的直方图。本文提取分块颜色直方图特征的步骤如下。

（1）分别提取矩形待检测区域的 R，G，B 三个分量。

（2）与提取 HOG 特征一样，将当前区域缩放到（20，40）并且划分成为多个 cell,cell 的大小同提取 HOG 特征时相同（5，5），分别计算每个 cell 的 R，G，B 分量的直方图。

（3）将每个 cell 的 R 分量的直方图按固定顺序连接成一个 R 分量直方图特征，G，B 分量直方图特征获取的操作与 R 分量相同。

（4）将 R 分量长直方图与 G，B 分量直方图特征按顺序组成整体的长直方图特征，并且归一化。至此，分块颜色直方图特征计算完毕。

最后将两个特征结合，在某种程度上说是将灰度上的特征和彩色图像的颜色特征结合，两种特征做到了相互弥补，也能够更好地描述信号灯的整体特征。结合的过程就是将 HOG 特征和分块颜色直方图特征按顺序连接成一个整体特征。

10.3.3 分类器训练

信号灯识别的主体算法采用的是机器学习算法。在机器学习中，分类是最常见的问题。分类方法是机器学习领域人们研究的最多的一个部分，目前也有很多成熟的算法。如决策树，Rocchio，朴素贝叶斯，神经网络，线性最小平方拟合，kNN，遗传算法，最大熵等。支持向量机是一种成熟有效的机器学习方法，可以对特征进行多类别的分类，最常见的应用是二分类。本文将信号灯识别问题归结为二分类问题，采用的是支持向量机算法。

线性分类器的预测函数简单，分类速度快，信号灯识别采用线性分类器。将此问题归为线性可分的二分类问题，并进行分类器的训练。

第 11 章　交通标志牌识别

11.1　交通标志牌识别简述

随着科技的进步和社会经济的快速发展，现代交通已经十分发达，道路交通早已占据主导地位。但是在大多数发达国家，交通安全和通畅、环境污染和能源问题正变得越来越严重，使得道路交通问题的解决不得不求助于智能技术。为了解决上述问题，许多研究学者做了大量的努力，与此同时人们对自动驾驶技术开发和应用的兴趣也逐渐浓厚。在这个过程中，自动、半自动驾驶系统及其他智能设备中出现了许多新的技术。自二十世纪八十年代起，美国、日本，以及欧洲的一些发达国家就相继在智能交通方面展开了研究工作。据有关部门统计，至 2012 年 7 月，我国的汽车保有量已经超过了 1.14 亿辆，仅次于美国，位居世界第二位。同时据业内人士可靠预测，到 2020 年我国汽车保有量将突破 2 亿辆。如此之多的汽车给我们的日常生活提供了更多便利的交通工具，同时也导致交通拥堵现象不断加剧，增加了交通事故的发生率，严重影响了人们日常出行的安全。在这种情况下，“智能交通系统（Intelhgent TransPortation System，ITS）”这一研究领域便应运而生，并得以迅速发展。智能交通系统主要包括三个主体：驾驶员、智能交通工具及智能公路系统。为了让行车变得更加机动和安全，通常用先进的电子通信技术和计算机控制技术将这三个主体连接起来。

交通标志是道路交通系统的重要组成部分，它能够帮助驾驶员获取当前所处的环境信息，规范驾驶员的操作，为安全的驾驶提供可靠保障。交通标志的自动分割和识别作为智能车辆的重要软件支撑，具有重要的研究意义和实用价值，主要表现在以下几个方面。

（1）作为辅助驾驶系统的一部分

随着经济与科技的发展，机动车已作为一个工具成为我们日常生活的一部分，而伴随着车辆的日益增多，城市道路交通拥挤状况日趋严重。由于天气原因导致能见度低且道路场景复杂，或者由于繁重的驾驶工作和驾驶员的疲劳甚至酒后驾驶等原因，使得忽视交通标志而引起的交通事故频繁发生，因此，如何提高道路交通的安全性已经成为急需解决的社会性问题。如果有一套自动巡航控制装置作为驾驶辅助系统（Driver Assistance System，DAS），适时地提醒驾驶员前方的路况，帮助驾驶员对车辆进行控制（如遇限速标志自动减速等），就能够促进交通畅通和行车安全。

（2）作为无人驾驶智能车视觉系统的组成部分：无人驾驶智能车视觉系统作为一个新兴领域，在军事和民用方面都有着广泛的应用前景。能够准确及时地检测和识别出道路交通标志和标线是遵守交通规则的前提。现有的自动车大多已经能够识别出道路上的标线和虚线，但是针对复杂场景下实时道路交通标志的检测与识别却仍然停留在研究和实验阶段，我国在这方面的研究还远远不够。

（3）作为多学科交叉研究的典型应用

交通标志检测与识别涉及图像处理、机器视觉、模式识别，以及人工智能等多学科的交叉应用，由于其对处理的精确性、鲁棒性和实时性要求较高，加上天气状况和周边环境对能见度的影响比较大，且各国交通标志设置不统一等诸多原因，虽然研究人员在相关方面做了很多尝试，但是至今尚无比较完美的解决方案。另外，交通标志检测与识别作为复杂场景下目标检测与识别领域中极具代表性的课题，与之相似或相同的研究课题在民用、工业甚至国防领域中都有着广泛的应用。如野外探险救援系统中的目标检测与定位；各种安全监控系统中的目标检测与跟踪；军事中海陆空的目标检测，分类与识别等。

随着计算机图像处理技术的迅猛发展，使基于图像的交通标志牌检测和识别系统成为可能。对比于其他的感知设备，视觉传感器具有采集范围广、设备造价低、安装方便、检测精度高，以及处理速度快的特点，越来越受到人们的青睐。因此，如何利用采集的视觉图像信息，有效地检测和识别交通标志牌是一个重要的研究方向，同时也具有极其重要的理论研究意义和现实价值。快速、实时、鲁棒的交通标志识别和道路检测系统，可以辅助司机判断周围道路状况，减轻他的负担，显著提高驾驶的安全性和舒适性。另外，交通标志识别和道路检测系统的研究，对于无人驾驶车辆的发展也是非常重要的，可以促进无人车更早地进入民用领域。因此，开发出一款高效、准确、实时、可靠的交通标志识别和道路检测系统是非常有意义的。

驾驶员驾驶汽车的过程可以概括为以下 3 个部分：感知外界的信息、综合已知信息分析与推理判断、根据判断进行操作处理，简称为感知、判断和操作。总体来讲，感知就是利用驾驶员的知觉和感觉来接收信息；判断就是将感知到的信息进行综合分析与推理判断的完整思维过程；操作就是经过思维后做出的处理决定。若能及时将交通标志提示给驾驶员，使之及时发现前方道路情况的变化采取相应的驾驶行为，则可减少交通事故发生的可能性。因此，运用计算机进行动态交通标志识别工作是一个有重要意义的研究，其社会意义和经济意义重大。

11.2　交通标志牌类型

交通标志牌是一种提示交通法规及道路信息的图形符号牌，能够提供给驾驶员当前驾驶环境的一般状况（限速标志、单行标志等）和一些潜在的危险（前方路滑标志），一方面能够保证道路行驶环境的通畅，另一方面也能够及时提醒驾驶员和行人在该路段应该遵守和注意的事项。交通标志牌可以应用在高速公路、城市街道及一切行驶路面，具有约束驾驶员和行人的法令性质。

在交通标志牌中，利用不同形状、不同的颜色可以表示不同的标志类型，如表 11-1 所示。根据我国相关法律法规规定，我国的交通标志牌共有 127 种，在这里包含了 49 种警告标志，部分警告标志牌如图 11-1 所示；55 种禁令标志，部分禁令标志牌如图 11-2 所示；25 种指示标志，部分指示标志牌如图 11-3 所示。此外还有指路标志牌、旅游区标志牌、道路施工安全标志牌，以及辅助标志牌，如图 11-4～图 11-7 所示。

表 11-1　交通牌分类

标志牌类型	标志牌用途	颜色	形状
警告标志牌	用来警告驾驶员驾驶车辆和行人注意前方相应的危险及其类型	底色为黄色，边框为黑色，标志图案为黑色	为一个顶角向上的等边三角形
禁令标志牌	用来禁止和限制车辆、行人行为的标志牌	底色为白色，边框为红色，中间带有红色的杠，图案一般为黑色	形状为圆形、八角形或者顶角向下的等边三角形
指示标志牌	用来指引驾驶员和行人行进的标志牌	底色为蓝色，图案为白色	形状分为圆形、长方形或者正方形
指路标志牌	用来告知驾驶员或行人前方道路方向、地点及里程的标志牌	一般道路：底色为蓝色、图案为白色；高速路上底色为绿色，图案为白色	一般为长方形或者正方形（除地点识别、里程、分流标志外）
旅游区标志牌	提供旅游地点的方向和里程的标志牌	底色为棕色，字符、图案为白色	一般为长方形
道路施工安全标志牌	告知驾驶员和用户前方道路正在施工，并指示如何通行的标志牌	一般边框为黑色、底色为橙色	一般为长方形
辅助标志牌	架设在上述标志牌之下，起辅助说明作用	一般边框为黑色，底边为白色	——

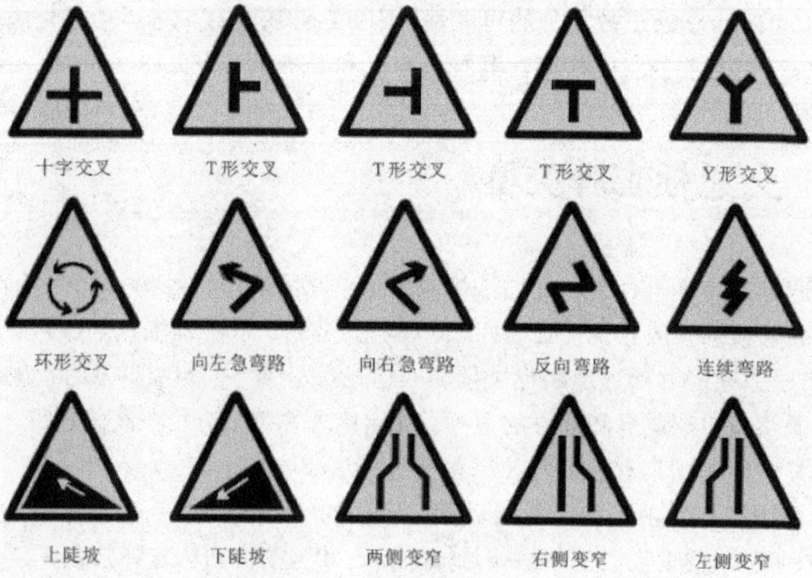

图 11-1　部分警告标志牌

图 11-2　部分禁令标志牌

图 11-3　部分指示标志牌

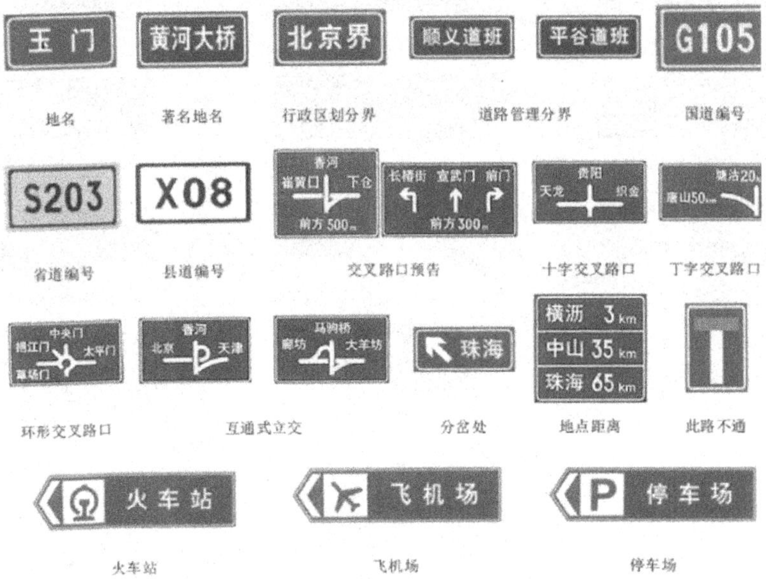

图 11-4　部分指路标志牌

图 11-5　部分旅游区标志牌

图 11-6　部分道路施工安全标志牌

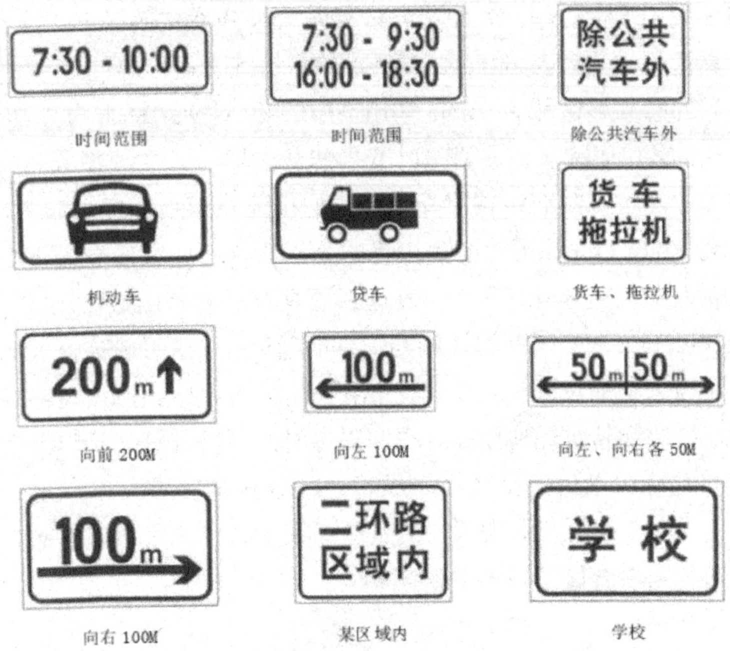

图 11-7　部分辅助标志牌

11.3　交通标志牌识别现状

随着计算机视觉技术和图像处理技术的发展，国内外学者对基于视频图像的交通标志牌的检测和识别研究逐渐增多，越来越成为辅助驾驶安全研究的热点内容之一。交通标志牌的检测就是确定标志牌可能出现的疑似区域（在这些区域中存在标志牌的可能性最大）。交通标志牌的识别是指对于检测出的标志牌识别是哪一种交通标志牌。目前，国内外已有较多的交通标志检测与识别算法，这方面的算法主要有距离分类法、人工神经网络、SVM、小波、多层决策树、模糊分类法、局部特征、推理机等方法。

Andrzej Ruta 等利用关键局部特征和颜色距离变换来检测与识别交通标志。Bahlmann 等采用 Harr 小波特征和 AdaBoost 分类器识别几种简单的圆形标志。Mirko Meuter 等利用贝叶斯融合方法和推理系统进行交通标志的识别。King Hann Lim 等用基于李雅普诺夫稳定性理论的径向基函数神经网络分类获得的交通标志感兴趣区域。Fang 等建立了两个独立的神经网络提取相关的标志颜色和形状特征，用模糊方式对其集成，然后用基于理性化的模板匹配来分类交通标志。该方法识别效率较高但是计算量非常大。Krumbiegel 等用 ANN 训练交通标志的形状、颜色和纹理，以分类检测到的感兴趣区域。Estable 等用 RBF 网络对交通标志内部图形进行识别。Douville 用多层感知训练从快速傅里叶变换和滤波器组来的数据来进行识别。

国内有多所高校和科研机构对交通标志的检测和识别进行了研究，取得了一些进展。重庆大学 Fei Qin 等用边缘到边界的分割块特征获取候选区域的形状信息，用颜色几何模型实现粗分类，分类器则选择了具有径向基函数核的支持向量机。浙江大学邓晓等提出一个交通标志检测与识别的新框架，使用稀疏模式的字典学习方法来收集交通标志的信息。东北大学刘伟用快速径向对称变换和模糊模板匹配来对交通标志进行检测和特征轮廓识别，跟踪采用时间累计算法。厦门大学用方向梯度特征直方图和支持向量机的交通标志显著性区域搜索交通标志。此外上海交通大学、武汉理工大学、合肥工业大学、南京理工大学、吉林大学、中南大学也对交通标志的检测和识别系统做了较多的研究。

11.4　交通标志牌识别的难点

虽然关于交通牌识别的方法很多，也有很多学者参与研究，但提出一种鲁棒实时的识别算法却很难，究其原因是由于在真实交通道路环境下交通标志牌的复杂性和不确定性造成的。根据大量的真实交通环境的实验发现，主要集中在天气环境的影响和空间变化的影响。

11.4.1　天气环境的影响

很多关于交通标志牌识别的研究都是在单一环境下的实验，识别结果很好，但是一旦应用在智能车平台上就会发现各种误检和漏检，无法适应室外的复杂环境。不管使用基于图像匹配的方法还是机器学习的方法都很难适应所有天气环境下的交通牌识别，如图 11-8 所示。

天气环境的变化造成最大的影响是光照的不确定性。在户外场景中，由于光线变化的不可控性，可导致光照会随时间、天气、季节等变化而变化，使得交通标志在拍摄过程中图像随其相应变化，产生颜色失真。阴天的时候光线较暗，导致交通牌整体色彩偏暗；而晴天的时候光线很强，由于交通牌的材质都是铁皮并且刷油漆，所以反光很厉害，图像中出现高亮白；雨雪天气就更困难了，雨刷、雨滴等造成遮挡，造成无法识别。

图 11-8　天气环境的影响

在同一地点同一天不同时间段的结果也是不同的，早晨、上午、中午、下午和傍晚的光照不一样，获取的图像质量和特征不一样。而一般很多方法的模板和训练集都是某一个时间段单一环境的数据，所以造成复杂环境简单化了，这也是为什么很多论文中识别结果很好但却无法应用在智能车中的原因。

针对天气环境造成的影响，目前没有很好的解决方案，一般都是采用多模板或多数据集训练的方法改善，还有一种方法是将交通标志牌的信息作为先验知识标注在智能高精度地图中。

11.4.2　空间变化的影响

交通标志牌识别的另一个难点就是空间变化造成的不确定性。很多研究是在静态环境下完成的，而不是针对智能车平台摄像机在无人驾驶过程中拍摄的数据进行的，这就导致没有考虑空间变化对识别算法的影响。空间变化主要会造成交通牌在图像中模糊、变形、遮挡，以及太大或太小，如图 11-9 所示。

图 11-9　空间变化的影响

（1）模糊

智能车在行驶过程中，由于路面的不平坦、车辆转弯及车辆的快速行驶，会造成抖动模糊和移动模糊。模糊是交通识别的一大杀手，模糊的图像导致交通牌形状特征明显，不利于基于形状特征的检测，进一步造成无法识别。虽然现在有很多关于去模糊的算法，如果将去模糊引入交通牌识别中，那么会带来两个新的问题：一是增加了运算开销，降低了实时性；二是没有模糊的图像进行去模糊之后造成图像失真，因为整个行驶过程中有模糊的也有正常的，但是计算机不知道哪些模糊哪些不模糊。所以模糊的解决很难，对识别影响较大。

（2）变形

由于交通标志牌一般都是在车道两侧或者上方，智能车行驶在车道中，由于拍摄角度是斜着的，所以交通牌在图像中是倾斜或者变形的。此外放置在户外的交通标志牌随时间的变化会出现变形、磨损等，由于拍摄视角不同，也同样会产生图像的几何失真。

（3）遮挡

真实道路环境比较复杂，有很多行人、车辆及树木等，这些都会造成智能车在城市道路环境中行驶时所拍摄的交通牌被部分遮挡或者全部遮挡，尤其是大卡车、公交车及道路两侧的树木影响最大。而遮挡是一件让计算机很无奈的事情，由于遮挡必然造成漏检或者误检。

（4）过大或过小

智能车在行驶过程中，交通牌的位置是由远及近的，在远处时交通牌在图像中特别小，而在近处时又特别大。过大或过小对交通牌识别都是不利的，尤其是过小的，因为这就成了微小目标检测问题。

前面具体介绍了交通牌识别过程的难点，通过分析可以发现交通牌识别技术目前还满足不了智能车的应用要求，因此，不建议花大量精力放在传统的基于模式识别或者机器学习的方法去解决智能车中交通牌的识别问题。最好的解决办法就是将静态的交通标志牌作为先验知识做到用于无人驾驶的高精度地图中，这样不管实时性还是正确率都有保障。但作为学术理论研究可以继续提出一些新的识别方法。

11.5　交通标志牌识别的方法

交通标志牌识别的方法有很多，主要可以分为基于模板匹配的方法和基于机器学习的方法，但这两种方法都不能很好地解决实际智能车的应用，但作为入门研究可以学习一下。下面主要介绍基于 SIFT 特征匹配和 SVM 支持矢量机的机器学习方法。

11.5.1　基于模板匹配的方法

SIFT 算法具有尺度不变性特征，能够确保图像在进行旋转、平移或是尺寸大小、光照条件等产生变化的情况下保持良好的不变性。该算子是目前较为流行的特征检测算子，被广泛地应用于图像特征匹配等众多研究领域。针对交通标志在拍摄识别过程中会受到各种变化因素影响的问题，SIFT 图像匹配算法，可以有效避免各种变化因素造成的误匹配，提高了识别的准确度。SIFT 图像匹配算法首先通过建立图像的尺度空间搜索该尺度空间中图像局部极值点，将所得极值点作为候选关键点，并将其中不稳定及对比度较低的点删除，从而最终确定关键点的主方向，进而生成每个关键点的特征描述符，最后采用特征描述符向量之间的欧氏距离度量两个特征点之间的匹配程度。SIFT 图像匹配算法流程如图 11-10 所示。

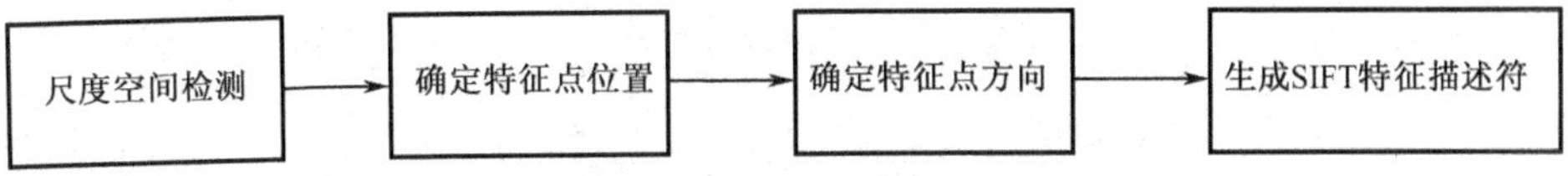

图 11-10　SIFT 特征点的提取流程

1. 尺度空间的生成

同一幅图像在不同尺度下的图像的有机集合为尺度空间，即给同一幅图像添加了一个新的坐标因子。建立尺度空间即建立一幅图像尺度从大到小的尺度的若干幅图像的有机集合。经过 Koenderink 和 Lindeberg 高斯卷积核是尺度空间的唯一线性核，通过高斯核平滑图像并进行采样建立高斯金字塔，在金字塔中计算空间局部极值，将待检测的点与其所在阶层的像素点进行比对，如果是极值则认为是 SIFT 候选点。

高斯函数如下所示，其中σ为高斯正态分布的方差，即

$$G(x, y \cdot \sigma) = \frac{1}{2\pi\sigma^2} e^{\frac{-(x^2+y^2)}{2\sigma^2}}$$

接着，由高斯函数$G(x, y.\sigma)$与图像$I(x, y)$进行卷积后可以得到二维图像在不同尺度下的尺度空间$L(x, y, \sigma)$，即

$$L(x, y, \sigma) = G(x, y.\sigma) \times I(x, y)$$

高斯金字塔相邻两尺度函数之差形成 DOG 函数，其公式为

$$D(x, y, \sigma) = (G(x, y, k\sigma) - G(x, y, \sigma)) \times I(x, y) = L(x, y, k\sigma) - L(x, y, \sigma)$$

2．确定特征点位置

为了计算关键点的偏移量，获得亚像素定位精度，可以通过二阶 Taylor 展开式来计算得出。由于 DOG 算子能够产生较大的边缘响应，且对噪声比较敏感，因此，在计算的同时为了剔除差异小的点，可以通过设置阈值来实现，并用 Hessian 矩阵技术剔除不稳定的边缘响应点。为了对特征点的位置和尺度精确确定，可以采用对局部极值点进行三维二次函数拟合。局部极值点(x_0, y_0, σ_0)在尺度空间函数$D(x, y, \sigma)$处的泰勒展开形式为

$$D(x, y, \sigma) = D(x_0, y_0, \sigma_0) + \frac{\partial D^T}{\partial X} X + \frac{1}{2} X^T \frac{\partial^2 D}{\partial X^2} X$$

通过附近区域的差分来近似，可求出以上公式中的一阶和二阶导数，列出其中的几个，如下式所示，其他以此类推。

$$X = (x, y, \sigma)^T，\frac{\partial D}{\partial X} = \begin{bmatrix} \frac{\partial D}{\partial X} \\ \frac{\partial D}{\partial Y} \\ \frac{\partial D}{\partial \sigma} \end{bmatrix}，\frac{\partial^2 D}{\partial X^2} = \begin{bmatrix} \frac{\partial^2 D}{\partial x^2} & \frac{\partial^2 D}{\partial xy} & \frac{\partial^2 D}{\partial x\sigma} \\ \frac{\partial^2 D}{\partial yx} & \frac{\partial^2 D}{\partial y^2} & \frac{\partial^2 D}{\partial y\sigma} \\ \frac{\partial^2 D}{\partial \sigma x} & \frac{\partial^2 D}{\partial \sigma y} & \frac{\partial^2 D}{\partial \sigma^2} \end{bmatrix}$$

$$\frac{\partial^2 D}{\partial \sigma^2} = \frac{(D_{k+1}^{x,y} - D_k^{x,y}) - (D_{k-1}^{x,y} - D_k^{x,y})}{4}，\frac{\partial^2 D}{\partial x\sigma} = \frac{(D_{k+1}^{x+1,y} - D_{k+1}^{x-1,y}) - (D_{k-1}^{x+1,y} - D_{k-1}^{x-1,y})}{4},\cdots$$

其中，k 为当前层，$k-1$ 为下一层，$k+1$ 为上一层。

精确的极值位置 X_{max} 是通过尺度空间函数 $D(x,y,\sigma)=0$ 求导得出的，如以下公式，即

$$X_{max}=\left(\frac{\partial^2 D}{\partial X^2}\right)^{-1}\frac{\partial D}{\partial X}$$

在特征点位置确定完的同时，还需删除已提取的低对比度特征点和一些不太稳定的边缘响应点，以增强匹配的稳定性和提高抗噪能力。

针对去除低对比度的特征点方面，可以把上述公式 X_{max} 代入公式 $D(x,y,\sigma)$ 中，取得前两项，得到公式

$$D(X_{max})=D+\frac{1}{2}\frac{\partial D^T}{\partial X}$$

通过上述公式计算出 $D(X_{max})$，若 $|D(X_{max})|\geqslant 0.03$，则保留该特征点，反之丢弃。

针对删除不稳定的边缘响应点方面则通过海森矩阵（如下式所示）解决，公式中的偏导数是通过近似估计上述已确定的特征点处的相邻区域的差分得来的。

$$H=\begin{bmatrix} D_{xx} & D_{xy} \\ D_{xy} & D_{yy} \end{bmatrix}$$

通过以上公式计算出主曲率。由于 D 的主曲率与 H 矩阵的特征值成正比，因此，只需求二值比值 r，具体的特征值不需求出。设最大幅值特征为 α，次大幅值特征为 β，那么比例 $r=\frac{\alpha}{\beta}$，则公式为

$$T_r(H)=D_{xx}+D_{yy}=\alpha+\beta$$

$$Det(H)=D_{xx}D_{yy}-(D_{xy})^2=\alpha$$

$$ratio=\frac{T_r(H)^2}{Det(H)}=\frac{(\alpha+\beta)^2}{\alpha\beta}$$

通过上述公式计算出 $ratio$，若 $ratio\leqslant\frac{(r+1)^2}{r}$ 则保留该特征点，反之丢弃，常取 $r=10$。

3. 确定特征点尺度

对于确定特征点方向，可以通过统计相邻 26 个像素点的梯度方向分布所指定的方向进行判定。为了保持算子的旋转不变性，可以通过在匹配时把图像旋转到统一的方向模式。特征点(x,y)处的梯度模值和主方向公式为

$$m(x,y)=\sqrt{(L(x+1,y)-L(x-1,y))^2+(L(x,y+1)-L(x,y-1))^2}$$

$$\theta(x,y)=\arctan 2\left((L(x,y+1)-L(x,y-1))/(L(x+1,y)-L(x-1,y))\right)$$

其中$m(x,y)$是(x,y)处的梯度模值，$\theta(x,y)$是(x,y)处梯度的主方向，每个特征点各自所在的尺度为L。

在实际计算过程中，特征点方向的确定是通过方向直方图来解决的，即对特征点邻域内相邻各像素点方向进行统计，指向方向最多的方向就是该特征点的主方向。基于 SIFT 特征匹配的识别结果，如图 11-11 所示。

图 11-11　基于 SIFT 特匹配征的识别结果

11.5.2　基于机器学习的方法

支持向量机是近几年发展起来的新型的通用机器学习方法，是统计学习理论中最年轻的内容，也是最实用的部分。由 Vapnik 等人首先提出，目前仍处在不断发展的阶段。

1. 线性可分的情况

从线性可分模式分类的角度看，支持向量机的主要思想是建立一个最优决策超平面，使得该平面两侧距平面最近的两类样本之间的距离最大化，从而对分类问题提供良好的泛化能力。

如图 11-12 所示的二维两类线性可分情况，图中实心点和空心点分别表示两类的训练样本，H 是把两类没有错误地分开的分类线，H_1, H_2 分别为过各类样本中离分类线最近的点且平行于分类线的直线，H_1 和 H_2 之间的距离称为两类的分类空隙或分类间隔。

设线性可分样本集为 $(X_i, y_i), i = 1,2,\cdots,n, X \in R^d, y \in \{+1,-1\}$ 是类别号。d 维空间中线性判别函数的一般形式为 $g(x) = W^T X + b$，分类超平面方程为

$$W^T X + b = 0$$

其中，W 为分类超平面的法线，是可调的权值向量；b 为偏置，决定相对原点的位置。

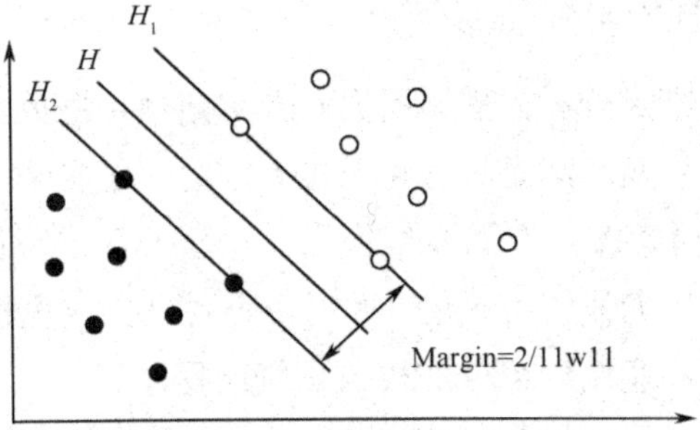

图 11-12　最优分类超平面示意图

从图 11-12 可以看出，超平面 $(WX) + b = +1$ 距离原点的垂直距离为 $\frac{|1-b|}{\|W\|}$，而超平面 $(WX) + b = -1$ 距离原点的垂直距离为 $\frac{|-1-b|}{\|W\|}$。若要求分类线对所有样本正确分类，则要求它满足

$$y_i[(WX^i + b)] - 1 \geqslant 0, i = 1,2,\cdots,n$$

因此，满足上述条件且使 $\|W\|^2$ 最小的分类超平面就是最优分类超平面。

根据上面的讨论，建立最优分类平面问题可以表示成如下的约束优化问题，即对于给定的训练样本 (x_i, y_i)，找到权值向量 W 和阈值 T 的最优值，使其在上述条件的约束下，最小化代价函数为

$$\phi(W) = \frac{1}{2}\|W\|^2 = \frac{1}{2}(W^T W)$$

定义如下的 Lagrange 函数，即

$$L(W,b,\alpha)=\frac{1}{2}W^TW-\sum_{i=1}^{n}\alpha_i\{y_i[(W^TX^i)+b]-1\}$$

其中，$\alpha_i>0$ 是 Lagrange 系数。然后对 W 和 b 求 Lagrange 函数的极小值，在约束条件 $\sum_{i=1}^{n}y_i\alpha_i=0,\alpha_i\geqslant 0,i=1,2,\cdots,n$ 下，对 α_i 求解下列函数的最大值，即

$$Q(\alpha)=\sum_{i=1}^{n}\alpha_i-\frac{1}{2}\sum_{i,j=1}^{n}\alpha_i\alpha_jy_iy_j(x_i\cdot x_j)$$

最终得到最优分类函数为

$$f(x)=\mathrm{sgn}\{(W^TX^i)+b^*\}=\mathrm{sgn}\{\sum_{i=1}^{n}\alpha_i^*y_i(X_i)^TX+b^*\}$$

其中 α^* 是 α_i 的最优解，b^* 是分类阈值。

2．线性不可分情况

对于非线性可分模式分类问题，根据 Cover 定理，将负责的模式分类问题非线性地投射到高维特征空间可能是线性可分的，因此，只要变换是非线性的且特征空间的维数足够高，则原始模式空间能变换为一个新的高维特征空间，使得在特征空间中模式以较高的概率为线性可分的。此时，应用支持向量机算法在特征空间建立分类超平面，即可解决非线性可分的模式识别问题。

若将上述思想用于非线性可分模式的分类时，会有一些样本不能满足前面的约束，从而出现分类误差。因此需要适当放宽该式的约束，将其变为

$$y_i[(w\cdot x_i)+b]-1+\xi_i\geqslant 0,i=0,1,\cdots,n$$

其中，$\xi_i\geqslant 0$ 为松弛变量，它们用于度量一个数据点对线性可分理想条件的偏离程度。

建立非线性可分数据的最优超平面可以采用与线性可分情况类似的方法，在上式的约束下，最小化关于权值 W 和松弛变量 ξ_i 的代价函数为

$$\phi(W,\xi)=\frac{1}{2}(W^TW)+C(\sum_{i=1}^{n}\xi_i)$$

其中，$\|W^2\|$ 起着最大化分类间隔的作用，$\sum_{i=1}^{n}\xi_i$ 起着最小化分类错误的作用，C 为正参数。求解这个二次规划问题的方法与在线性可分情况下几乎相同，只是约束条件不同，则

$$\sum_{i=1}^{n}\alpha_i y_i = 0, 0 \leqslant \alpha_i \leqslant C, i = 1,2,\cdots,n$$

一般来讲，任意高次判别函数通过适当的变换都可以转化成另一空间中的线性判别函数进行处理。这种变换空间中的线性判别函数称为原问题的广义线性判别函数。要解决一个非线性问题，可以按照广义线性判别函数的定义，设法将它转化为另一个空间中的线性问题，最后在这个变换空间求最优分类平面，根据最优分类超平面算法的性质，在这个变换空间中，只需要进行(x_i, x_j)的内积运算。

3．支持向量机的核函数

使用不同的内积函数可以导致不同的支持向量机算法，目前得到研究的内积函数形式主要分为三类。

Gauss 核函数，即

$$K(X, X_i) = \exp(-\frac{|X - X_i|^2}{\sigma^2})$$

采用该函数的支持向量机是一种径向集函数分类器。

多项式形式的内积函数，即

$$K(X, X_i) = [(X, X_i) + 1]^q$$

此时得到以q阶多项式作为分类器的支持向量机。

Sigmoid 核函数，即

$$K(X, X_i) = \tan h(v(X \cdot X_i) + c)$$

采用该函数的支持向量机实现的是一个单隐层感知器神经网络。

第 12 章　无人自主车视觉定位

无人自主车在自主驾驶过程中需要实时知道自身的位置和姿态，目前大部分的智能车都采用 GPS 惯导组合进行实时定位，但随着技术的不断发展，视觉定位技术也开始在无人自主车系统中得到使用。视觉定位就是通过摄像机等视觉传感器对周围环境进行感知、认知、定位的一个过程。视觉定位除了在无人自主车中应用外，还应用在星球探测机器人、家政服务机器人中。现有的视觉定位方法可以分为三类：基于路标库和图像匹配的全局定位、同时定位与地图构建的 SLAM、基于局部运动估计的视觉里程计。

12.1　视觉定位的意义和应用

无人自主车是智能移动机器人领域的一个研究热点，为智能车在无人驾驶过程中提供高精度的实时定位导航是智能车的关键技术研究。

尽管无人自主车可以使用 GPS 系统帮助定位，但 GPS 信号可能被遮挡，对于小范围运动辨识率较差，而且 GPS 的民用精度只有 5m，无法满足复杂行驶环境中的定位精度要求，如果使用高精度 GPS 设备则成本昂贵。同时考虑到军事应用和电磁干扰等特殊情况，很多无人车技术都强调通过车载传感器实时获取环境信息自主进行定位导航。因此，视觉定位的研究在无人自主车定位问题中具有学术和应用的双层重要意义。

视觉定位技术应用广泛，不仅仅在无人驾驶汽车中应用，而且更多地应用在星球探测机器人、家政服务机器人中，如图 12-1 所示。

图 12-1　视觉定位的应用

视觉定位技术最早应用在星球探测机器人中，是因为在太空中没有像 GPS、北斗这样的卫星定位系统，再加上太空星球表面较多的沙土、碎石，星球探测机器人在工作过程中常会遇到由车轮打滑、抱死等引起的轮式里程计误判问题，导致地面人员无法对机器人准确定位，影响了机器人的安全性和工作效率。为了解决该问题，基于机器视觉的定位算法得到了关注和发展。1983 年把立体视觉系统引入智能星球探测机器人。随后 1987 年在其基础上实现了视觉定位算法，用来估计机器人的位姿信息。美国空气动力学实验室同样基于视觉定位算法，1992 年实现了首个非结构化环境下的自主机器人。视觉定位算法提高了星球探测机器人的定位精度，也极大地拓展了机器人的行动范围，保证了机器人能更加安全高效地完成探测任务。MER（Mars Exploration Rover）的孪生星球探测机器人 Spirit 号和 Opportunity 号于 2004 年成功登陆火星，它们使用立体视觉系统提取三维点在图像序列中的一致性信息，通过运动估计得到机器人的位姿参数，解决了在车轮发生打滑、抱死等情况时，传统轮式里程计无法准确估计里程的问题。2011 年，NASA 的火星科学实验室（Mars Science Laboratory，MSL）发射了火星探测机器人 Curiosity 号，它装有数个高清相机，包括视觉里程计在内的视觉导航系统也得到了进一步的完善，为了增加视觉定位所需的一致性特征信息，还对车轮进行了改进，使其能够在行驶过的路径上留下纹理清晰的压痕。其他国家也在积极研究星球探测机器人，欧洲航天局

（European Space Agency，ESA）研发的 ExoMars（Exobiology on Mars），将于 2018 年和 NASA 的 MAX-C（Mars Astrobiology Explorer-Cacher）一起前往火星。我国也开展了“嫦娥工程”对月球进行探测，2013 年 12 月 15 日 4 时 35 分，“玉兔号”巡视器成功驶抵月球表面，开始了它的探索旅程，视觉里程计模块也很好地帮助“玉兔号”进行定位。

而室内家政服务机器人由于活动范围较小，环境相对简单，一般都采用 SLAM 的视觉定位方式进行机器人自身定位和导航。而无人自主车在室外大范围环境中进行无人驾驶，一般的 SLAM 定位已经满足不了其实时性的要求，因此一般都采用视觉里程计的方法进行定位。

12.2 视觉定位方法

机器人领域的很多研究都是从模仿人类的角度开展的，而人类对于位姿信息的判断主要来自于视觉，因此，通过机器视觉手段为移动机器人定位一直是科研工作者们努力的方向之一。视觉定位系统通过安装在移动机器人上的相机拍摄环境图片，再提取图像序列中的一致性信息，根据一致性信息在图像序列中的位置变化估计机器人的位姿参数。按照系统中相机的个数，可以分为单目视觉，双目视觉和多目视觉。只需要单目视觉算法就可以得到相机姿态角的改变量和相对位置矢量方向，但单目视觉较难获得场景中物体的实际尺寸。双目和多目视觉系统在满足一定条件（光心不重合，且有共同视野等）时，可以重建出环境三维信息并精确得到 6 个自由度的位姿增量，称为立体视觉。根据实现定位所采用的策略，可分为基于路标库和图像匹配的全局定位、同时定位与地图构建的 SLAM、基于局部运动估计的视觉里程计三种方法。

12.2.1 基于路标库和图像匹配的全局定位

全局定位算法需要预先采集已知位姿信息的场景图像，建立全局地图或路标数据库，然后当机器人需要定位时，将当前位置图像与路标数据库进行匹配，再估计当前图像与对应路标之间的相对位姿，最终得到全局的位姿信息。根据路标数据库的建立规则，可以分为致密路标与稀疏路标。致密路标库包含了环境中几乎所有的场景，这样做的好处是无论机器人的当前位姿如何，都可以在路标库中找到匹配的路标并确定当前位姿。其最大的缺点是路标库很大，匹配速度慢，同时占用较多的存储资源，一般无法在大范围室外环境中完成实时定位任务。为了加快路标匹配速度，可以使用稀疏的路标库，通过一定的筛选策略，选择满足定位需求的最少数量的路标。由于无法对任意位置的机器人进行定位，基于稀疏路标库的全局定位方法一般不能单独使用，需要与局部定位方法结合起来。2005 年 Liet 等人使用火星车登陆前拍摄的图片和火星车漫游时的图像，通过寻找岩石等环境中显著的特征点，组建了一个关键帧图像网络，帮助火星车更好地进行定位。Tanaka 等人在 2010 年使用二维特征码对图像进行描述，大大减少了路标库储存时的空间代价和匹配时的计算代价，在保证实时性的前提下，允许使用更加致密的路标图像以提高定位性能。2011 年 zhu 等人则使用激光雷达配合相机建立了室内环境的三维地图，高精度的路标点可以使数据融合后的全局定位结果更加准确。

基于路标库和图像匹配的全局定位方法的关键步骤是建库（又称为建地图）和匹配，具体说明如下。

1. 建立路标库

路标库的建立也可称为地图建立，这一步工作比较简单但是工作量比较大。人驾驶车在需要定位的路段进行图像、位置采集即可，一般需要保存的数据有四类：连续编号的图片、连续编号的图像特征、连续编号的经纬度信息、连续编号的路段属性信息。其中图片一般是 JPG 或 PNG 格式，图片命名从 1 开始，连续编号，如 1、2、3…N。图像特征一般以文本文件保存，具体提取什么特征，可以根据实际需要自选，其编号与图片的编号对应。经纬度信息和路段属性信息是外加先验知识，均以文本格式保存并且与图片编号一致。建立路标库时一般会采集不同天气、时间段的同一路段数据以提高定位算法的鲁棒性。

2. 图像匹配

图像匹配是全局定位方法的关键步骤，图像匹配的优劣决定了定位的实时性和精度。图像匹配也就是特征匹配，在本书的第 4 章有较详细的介绍，在此就不再赘述特征匹配的原理和方法了。在此主要讨论无人自主车使用全局定位方法时该如何正确使用图像匹配。

首先，具体的图像特征及匹配方法可以根据具体环境需要自选。该方法虽然是全局定位方法，但在实际的定位时一般不会全部采用全局匹配，而是采用全局匹配初始化定位和校正，局部匹配实时定位。这样做的主要原因是考虑定位的实时性，由于无人自主车是在室外大范围环境进行定位，定位范围在几公里甚至几十公里，加上采用多时段不同天气的建库方法，需要进行匹配的数据量巨大，一般都是在几万张图片以上，如果全程都采用全局匹配则很难满足定位的实时性要求。

初始定位是采用全局匹配，然后定位过程中可采用触发式或间歇式全局匹配以进行定位结果校准，以提高实时性和精度。局部匹配可以通过已知自身位置，对其附近数据建立索引进行遍历匹配，一般这个范围在方圆十米左右，这样需要进行匹配的图片可以降到数千甚至数百，大大提高了匹配的速度。具体如何实现在此不作详细描述，仅提供一个解决思路。

通过在我们的智能车平台的实验结果发现，这种全局的定位方法的定位精度为米级的，一般误差在 1～3m 左右，在直道或者小曲率弯道中可以通过这种定位导航方式让智能车实现无人驾驶，但是在路口和大曲率弯道中则无法达到预期目的。在我们实验过程中还发现，全程采用全局定位的方法还有两个缺点：一是会出现误匹配而导致定位结果往前或往后跳动，误差非常大；二是无匹配结果，即定位结果长时间在一个地方不动。如图 12-2 所示是全程全局定位的方法在智能车平台上的实验结果，如图 12-3 所示是全局/局部组合的定位方法在智能车平台上的实验结果。

以上实验均在北京市丰台区园博园附近道路的实验结果，通过大量的反复实验证实：基于路标库和图像匹配的全局定位方法不适合无人自主车的实时定位，虽然我们在其基础上做了很多改进，这也仅是提高了实时性，而其精度已很难提高，所以不建议采用这种方法进行智能车导航定位。

图 12-2　全局定位方法在智能车平台上的实验结果

图 12-3　全局/局部组合定位在智能车平台上的实验结果

12.2.2　同时定位与地图构建的 SLAM

SLAM（Simultaneous Localization and Mapping），又称为 CML（Concurrent Mapping and Localization），即时定位与地图构建，或并发建图与定位。由于其重要的理论与应用价值，被很多学者认为是实现真正全自主移动机器人的关键。

SLAM 最早出现在 1986 年的 ICRA 上，当时基于概率统计的方法刚刚被引入到机器人与人工智能领域。经过随后几年的发展，Smith 和 Durrant-Whyte 建立了使用概率模型描述路标与移动机器人运动之间关系的框架，为 SLAM 算法的快速发展奠定了基础。SLAM 可以使用基于声纳、激光雷达或相机采集的环境信息，其中基于相机和机器视觉方法的 SLAM 称为 V-SLAM（Visual SLAM）。V-SLAM 大致可分为两种，一种是基于概率分布融合所有图像信息的滤波方法，另一种是基于全局光束法平差对关键帧进行优化的非滤波方法，或称为关键帧法。

V-SLAM 可以在漫游的过程中对经过的区域进行地图构建，也可以使用预先获得的环境地图先验知识。SLAM 算法需要保持对环境地图的跟踪，以检测机器人是否回到了一个之前访问过的区域，这个过程也被称为回路闭合（loop closure）问题。当检测到回路闭合时，该一致性信息可以用于减少地图和机器人路径中存在的累积误差。而检测回路闭合的发生和在全局地图中有效利用该一致性约束是 SLAM 算法研究的两个主要问题。基于单目视觉和立体视觉的 V-SLAM 方法都取得了很多成功的案例，但大部分工作局限在比较小的室内环境，只有少数系统可以工作在大尺度环境中。这主要是因为 SLAM 算法的计算代价随全局地图的增大而增大，在大尺度环境中算法的效率会受到严重影响。

目前 SLAM 的研究有很多，大部分都是基于室内机器人、激光雷达、Kinect、RGB-D 等方面的研究，而基于智能车平台的研究还主要集中在 64 线激光雷达，视觉 SLAM 比较少。通过相关的研究和实验发现 V-SLAM 也不太适合智能车这种大范围室外场景的定位，因此本书中将不详细介绍 V-SLAM 的具体算法。

12.2.3 基于局部运动估计的视觉里程计

视觉里程计（Visual Odometry，VO）由 Nister 等人在 2004 年正式提出，顾名思义，VO 的作用与轮式里程计类似，用于增量式地估计移动机器人的运动参数。但不同之处在于，轮式里程计通过记录车轮转动的圈数得到车辆行驶的里程，而 VO 通过安装在移动平台上的相机获取环境图像序列，最多可以得到全部 6 个自由度的运动信息。相比轮式里程计，VO 的最大优势是在崎岖地表及其他不利条件下，不受车轮滑移的影响，而且估计结果也更为准确。这一特性使得 VO 在被提出之初，就成为轮式里程计、GPS、IMU 及激光雷达里程计（与 VO 相似，激光雷达里程计通过匹配相邻两次激光雷达扫描点来估计车辆运动）等其他定位导航系统的有效补充。经过科研工作者们的不断努力，VO 的定位精度和处理速度都得到显著提升，VO 在导航系统中的地位也从最开始的辅助慢慢向核心转变，尤其是在水下和外星探测等不能使用 GPS 的环境中，VO 更有其不可替代的重要作用。

VO 算法关注如何计算图像序列中相邻图像间所反映出的机器人位姿变化，并将局部运动估计的结果累积得到机器人漫游轨迹。VO 不考虑全局一致性，不会像 SLAM 那样因机器人漫游距离的增长而降低算法效率。为了提高局部定位的精度，VO 可以使用距离当前时刻最近的 n 帧图像进行优化，最典型的方法如基于滑动窗口的 SBA 算法。由于没有全局信息的介入和校正，VO 的定位误差会不断累积。在机器人进行大范围长距离漫游时，可以使用其他全局性策略降低 VO 的累积误差，如 Konolige 使用 EKF 滤波器融合了惯导数据，对定位结果的俯仰角与侧滚角进行了优化，大大降低了姿态角的累积误差。

基于视觉里程计的定位方法的整体框架如图 12-4 所示。

对基于无人自主车的高精度实时视觉定位算法的研究可知，视觉定位的精度、实时性、鲁棒性是研究的重点，而特征匹配决定了算法的鲁棒性、预测跟踪可以提供定位的实时性、视觉里程计可以提高定位的精度。所以，图像特征匹配、视觉里程计（VO）算法、跟踪算法是该方法的重要研究内容。

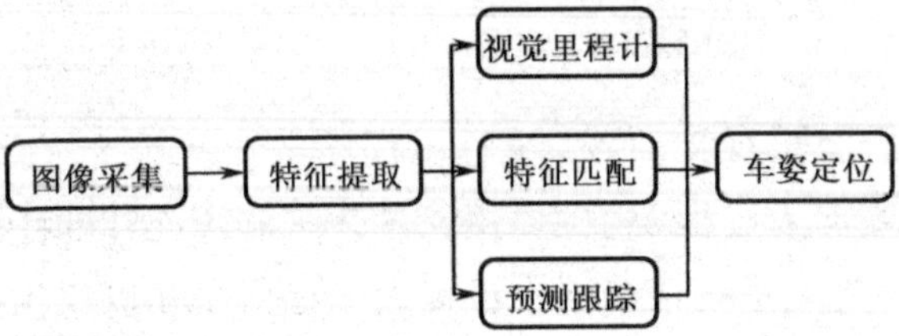

图 12-4 基于视觉里程计的定位方法的整体框架图

1. 图像特征匹配

图像特征匹配包括图像特征选取、图像特征提取及图像特征相似度计算。

图像特征类型可以分为边缘、角点、斑点，其中角点是一个很特殊的存在，角点作为图像上的特征点包含有重要的信息。现在流行的角点特征有 Harris 特征、SIFT 特征、HOG 特征、SURF 特征等。SURF，英文全称为“Speeded Up Robust Features”，直译是“加速版的具有鲁棒性的特征”，是由 Bay 在 2006 年首次提出的。SURF 是尺度不变特征变换算法（SIFT 算法）的加速版，标准的 SURF 算子比 SIFT 算子快好几倍，并且在多幅图像下具有更好的稳定性。因此，在本项目中将选取 SURF 特征。

图像特征确定后就可以根据 SURF 原理进行特征提取，将输入图像中的所有 SURF 特征点提取出来，然后对两幅图像进行特征点配准和相似度计算，一旦满足某一设定阈值则认为匹配成功。图像特征匹配的大体实现流程如图 12-5 所示。

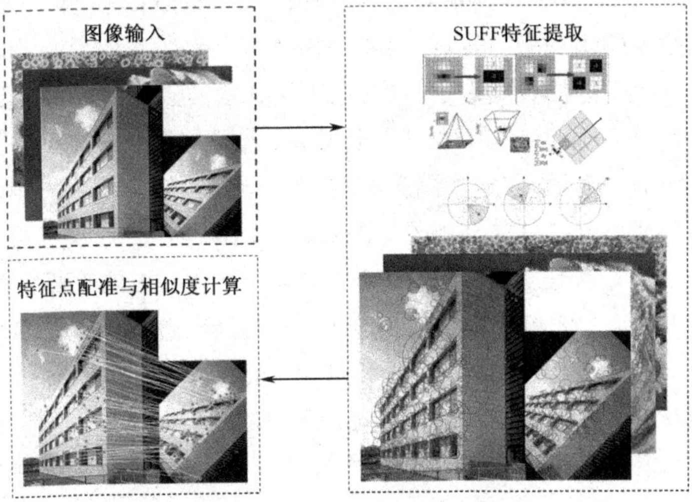

图 12-5 图像特征匹配的一般流程

2．视觉里程计（Visual Odometry）

在机器人学与计算机视觉领域，视觉里程计是一个通过分析相关图像序列，来确定机器人位置和朝向的过程。视觉里程计是一种利用连续的图像序列来估计机器人移动距离的方法。视觉里程计增强了机器人在任何表面以任何方式移动时的导航精度。大多数现有的视觉里程计算法都是基于以下几个步骤：图像获取、图像校正、特征检测、生成光流场、由光流场估计照相机的运动轨迹、周期性的重定位跟踪点，如图 12-6 所示。

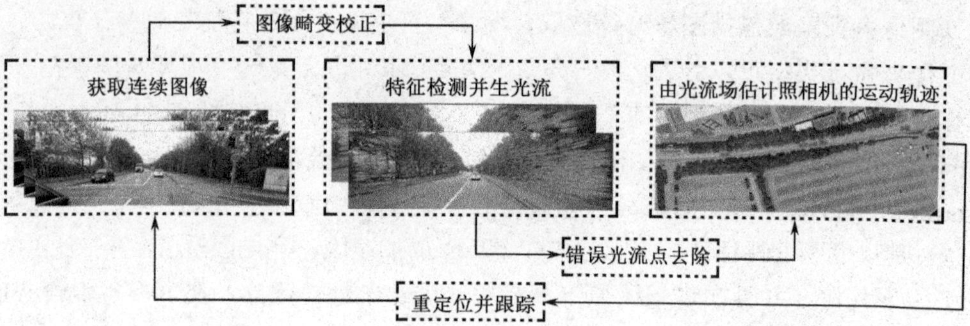

图 12-6　视觉里程计算法的基本流程

3．目标跟踪算法

现在主流的跟踪算法有卡尔曼滤波（Kalman filtering）、粒子滤波（Particle filtering）。虽然粒子滤波算法可以作为解决 SLAM 问题的有效手段，但是该算法仍然存在着一些问题，其中最主要的问题是需要用大量的样本数量才能很好地近似系统的后验概率密度。因此，在本项目中拟用卡尔曼滤波算法进行跟踪预测。

卡尔曼滤波是一种利用线性系统状态方程，通过系统输入/输出观测数据，对系统状态进行最优估计的算法。由于观测数据中包括系统中的噪声和干扰的影响，所以最优估计也可看做是滤波过程。状态估计是卡尔曼滤波的重要组成部分。一般来说，根据观测数据对随机量进行定量推断就是估计问题，特别是对动态行为的状态估计，它能实现实时运行状态的估计和预测功能。状态估计对于了解和控制一个系统具有重要意义，所应用的方法属于统计学中的估计理论。

卡尔曼滤波算法的主要实现步骤如图 12-7 所示，首先输入的是状态先验知识（Prior knowledge of state）和测量值（Measurements），根据上 k-1 时刻的预测值 $\hat{X}_{k-1|k-1}$ 和最小均方误差 $P_{k-1|k-1}$ 进行预测得到相应的 k 时刻的预测值 $\hat{X}_{k|k-1}$ 和最小

均方误差 $P_{k|k-1}$，然后根据测量值 y_k 进行修正更新（Updata step）得到 k 时刻的预测值 $\hat{X}_{k|k}$ 并输出状态估计结果（Output estimate of state）。

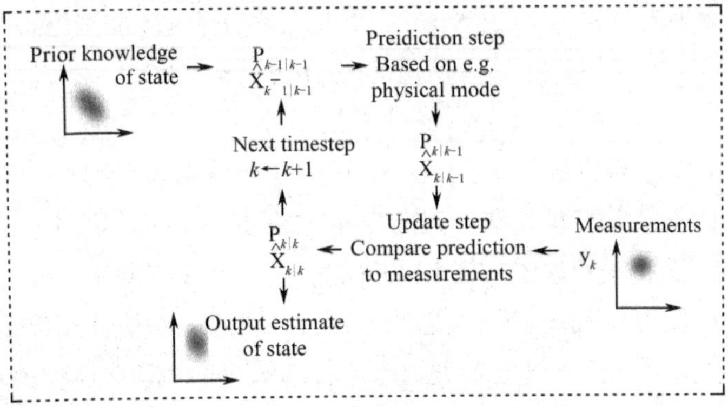

图 12-7　卡尔曼滤波算法实现的流程

12.3　定位算法性能分析

通过以上介绍可知，基于视觉的定位方法既可以像 IMU、轮式里程计那样获得移动机器人相邻两个空间状态的位姿增量，也可以通过预先建立的路标数据库或者视觉地图，像 GPS、罗盘那样获得全局位姿信息。与融合多传感器的组合式定位方案相比，视觉定位系统只需要为机器人配备相机，能耗低、便携性好、抗电磁干扰能力强。相比基于红外线、超声波、激光等测距定位方法，视觉定位被动地感知环境中的可见光，不需要主动向外界发射能量信号，隐蔽性更好。但视觉定位的具体方案仍要根据应用需要，针对性地进行选择，下面将基于实时性、精度、环境适应性三个指标对上述三种视觉定位算法进行分析比较。

（1）实时性

定位模块作为移动机器人独立执行任务的基础模块，需要频繁地被执行，如果存在明显的延时，必将大大增加完成任务所需要的时间，降低机器人在能源有限情况下的整体工作能力。如果环境中包含运动物体，还会严重影响动态路径规划和导航控制模块的时效性，给机器人的安全埋下隐患。考虑到这一点，基于 V-SLAM 的定位方法只能在小范围环境中保持实时性，当机器人漫游范围增大时，算法效率会不断下降，最终无法及时提供机器人所需的定位信息。基于图像匹配的全局定位方法也面临着同样的问题，如果全局路标库包含的路标数量过多，匹配的复杂度会快速上升，无法满足定位的实时性要求。如果全局路标库中的路标数量较少，就无法保证机器人在每个位置上都能够准确定位。实际上，即使是包含场景信息较少的室内环境，考虑到不同位置和不同姿态，也需要大量的路标才能完整地模拟环境地图。从实时性的角度出发，只有专注于局部运动估计的视觉里程计方法最具实际应用价值。

（2）精度

一般来说，定位精度取决于一致性信息的匹配策略和运动估计算法的性能，上述三种定位方法不能简单地讲哪一种方法的精度更高，而是各自的侧重点不同。全局定位方法基本没有累积误差的影响，在全局意义上误差最小；视觉里程计方法可以充分利用局部图像序列中特征信息的一致性，局部运动估计精度最高；而 SLAM 方法的性能则基本介于全局定位与视觉里程计之间。但结合实时性要求来看，SLAM 由于要维护全局地图，估计运动时使用过多的特征会导致地图快速增大，为了控制地图大小，就需要使用较少的信息用于运动估计，导致局部定位精度下降。当然，经过回路闭合和全局优化后，SLAM 在一定程度上可以降低全局定位误差。全局定位方法也存在类似的问题，为了实时性，需要使用相对稀疏的路标库，当机器人位姿与路标位姿差异较大时，就会引入更多的定位误差。而视觉里程计没有维护全局地图的负担，可以使用尽可能多的信息估计局部运动参数，获得更准确的位姿增量。

（3）环境适应性

每一种算法都有其理想的应用条件，而对环境的适应性强则说明算法对外界条件的依赖较少，能够处理的情况更多。全局定位方法必须知道环境的先验知识并建立路标库，定位的性能直接依赖于当前图像与路标库的匹配程度，若没有匹配成功则无法正常定位，环境适应性较弱。VO 与 SLAM 都不需要环境的先验知识，且可以获得每一帧图像对应的机器人位姿，对环境的适应性较好。但 SLAM 算法需要检测闭合的回路，若机器人在漫游过程中未发生或未检测到闭合回路，则在维护全局地图的过程中白白浪费了资源。

可以看出，SLAM 受困于计算代价随时间增长，全局定位受困于环境先验知识和路标库大小限制，两者都难以解决大范围环境中移动机器人的高精度实时定位任务。作为对比，VO 系统的计算代价不随时间增长，不需要先验知识，对环境适应性强，可以持续提供精确的局部运动参数，是最适合无人自主车平台的视觉定位方案。

第 13 章　基于视觉的路口定位

智能车在无人驾驶过程中经常会遇到路口的情形，然而在实际道路中，路口的环境相对来说是比较复杂的，除了有交通信号灯、斑马线、停止线外，还可能会有车辆及行人外，如何让智能车安全准确地渡过路口，除了识别以上交通标识、车辆、行人，还需要准确地定位智能车在路口处的位置坐标。本章将介绍一种基于视觉的路口定位方法。

13.1　路口定位的实现流程

路口定位算法实现过程如图 13-1 所示，从算法流程图中可以看出定位算法分为基于路口场景识别的粗定位和基于 IPM 的高精度实时定位两部分。其中在路口场

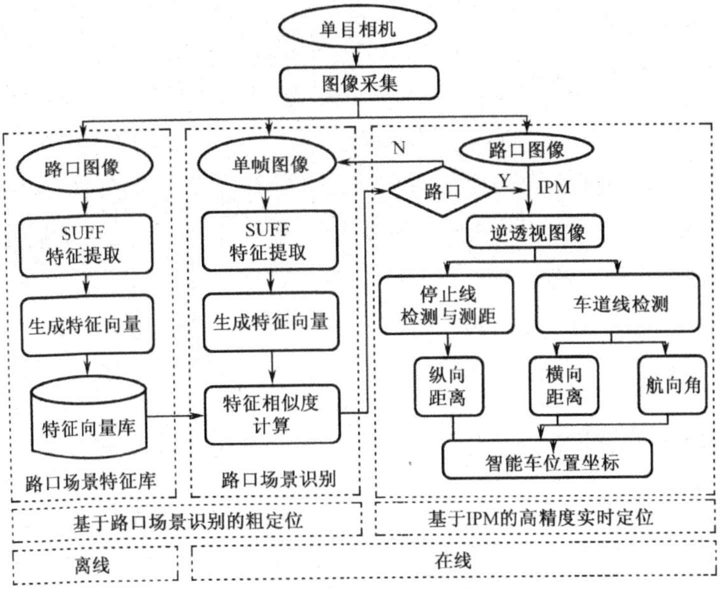

图 13-1　路口定位算法流程图

景识别之前需要先离线建立一个含有各个路口信息的路口场景特征库。通过路口场景识别判断智能车是否到达路口附近，如果进入路口则对单目相机采集的路口图像进行逆透视变换（IPM）得到逆透视图像（鸟瞰图像），然后进行停止线检测与测距，车道线检测得到智能车离停止线的纵向距离和与车道线的横向距离及航向角，根据得到的数据进行世界坐标系平面坐标计算，最终得到智能车的位置坐标。

13.2 基于路口场景识别的粗定位

基于路口场景识别的目的是对智能车进行粗定位，确定是否开始进入路口，为高精度实时定位做判断。先通过粗定位可以减小计算机运算开销，只需要在路口附近进行高精度实时定位即可。基于路口场景识别的粗定位分为离线建立路口场景特征库和在线路口场景识别两部分。

13.2.1 建立路口场景特征库

从图 13-1 可知路口场景特征库的建立涉及路口场景选取、SURF 特征提取和路口场景特征库的模型。

1．路口场景选取

路口场景简单的理解就是路口处的图像，如何选取路口场景是整个定位方法的第一步骤，也是很关键的一步。一般来说路口特征复杂有利于路口的识别，但是路口特征信息太多又会增加特征计算和存储的开销，因此需要选取合适的路口场景。一般来说，智能车在行驶过程中是从远处缓缓进入路口，因此车内摄像机采集的图像中的路口部分是由远及近的一个过程，太远的时候路口特征不明显不利于识别，太近的时候将影响精定位的距离，所以路口场景选取的距离要适中，一般在离停止线 25～50m 的范围内进行采集最适合。

2．SURF 特征提取

SURF（Speeded Up Robust Features）称为加速稳定特征，由 Bay 等人在 2006 年首次提出。SURF 是尺度不变特征变换算法（SIFT 算法）的加速版，标准的 SURF 算子比 SIFT 算子快好几倍，并且在多幅图像下具有更好的稳定性。鉴于实时性和鲁棒性的考虑，本文采用 SURF 特征进行路口场景识别。

SURF 构造的金字塔图像与 SIFT 有很大不同，正是这些不同才加快了其检测的速度。SIFT 采用的是 DOG 图像，而 SURF 采用的是 Hessian 矩阵行列式近似值图像。图像 I 中某个像素点 $p(x,y)$ 的 Hessian 矩阵为

$$H(p,\sigma)=\begin{bmatrix} L_{xx}(p,\sigma) & L_{xy}(p,\sigma) \\ L_{xy}(p,\sigma) & L_{yy}(p,\sigma) \end{bmatrix}$$

其中，$L_{xx}(p,\sigma)$ 是高斯二阶导数 $\dfrac{\partial^2}{\partial x^2}g(\sigma)$ 在点 $p(x,y)$ 处与图像 I 的卷积，$L_{xy}(p,\sigma)$ 和 $L_{yy}(p,\sigma)$ 与其类似。将 Hessian 矩阵行列式进行简化，得

$$\det(H_{\text{approx}})=D_{xx}D_{yy}-(wD_{xy})^2$$

其中，滤波器响应的相关权重 w 是为了平衡 Hessian 行列式的表示式，这是为了保持高斯核与近似高斯核的一致性。

$$w=\frac{\left|L_{xy}(1.2)\right|_F \left|D_{yy}(9)\right|_F}{\left|L_{yy}(1.2)\right|_F \left|D_{xy}(9)\right|_F}=0.912\approx 0.9$$

其中，$|x|_F$ 是 Frobenius 范数。

与 SIFT 特征类似，在特征点周围取一个正方形框，将该框分为 16 个子区域，每个子区域统计 25 个像素的水平方向和垂直方向的 Haar 小波特征。该 Haar 小波特征为水平方向值之和、水平方向绝对值之和、垂直方向之和、垂直方向绝对值之和。这样每个小区域就有 4 个值，所以每个特征点就是 16×4=64 维的向量，相比 SIFT 而言，少了一半，这将加快匹配速度。

3．路口场景特征库

如图 13-2 所示，路口场景特征库包含了所有测试路口的场景图像特征信息、路口编号信息及路口属性信息。从图中还可知路口场景特征库内部是一个多对多的结构，每个路口一个编号，对应一个路口属性，同时对应着许多的路口场景图片及其 SURF 特征。路口属性是可扩展的结构，可以对路口进行描述，有利于高精度定位。场景图像进行 SURF 特征提取之后可以得到每一帧图像的 SURF 特征向量，将其保存用于在线的图像特征匹配，这样就可以加快匹配速度。而路口场景图片仅用于路口场景识别结果的显示，在实际应用中为了减小路口场景特征库的存储空间可以不保存图片而仅保存每帧路口场景图像的 SURF 特征及路口编号、属性等信息。

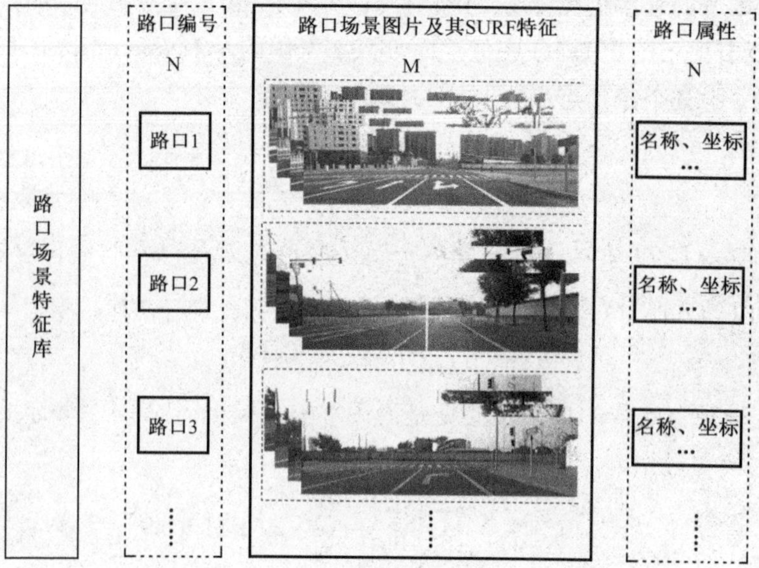

图 13-2 路口场景特征库模型

13.2.2 基于 SURF 的快速路口场景识别

从算法流程图中可知路口场景识别与路口场景特征库建立的过程基本上相同，都需要对图像进行 SUFT 特征提取生成特征向量。路口场景识别是一个在线特征提取的过程，提取当前帧图像的 SURF 特征，生成特征向量，与路口场景特征库中的特征向量进行相似度计算，本文采用的是最简单的欧式距离来衡量其相似度，计算公式为

$$\Delta D = dis(v_i, v_j) = \sqrt{\sum_{k=1}^{k=n}(w_k(v_i) - w_k(v_j))^2}$$

其中，v_i 和 v_j 分别代表两幅不同图像的 SURF 特征向量，其形式表达式为

$$v = (feature_1, w_1; feature_2, w_2; \cdots; feature_n, w_n)$$

其中，w 表示图像中每个特征点的 64 维向量。最后通过 ΔD 判断是否匹配成功，距离越小越相似。则有判别公式为

$$result = \begin{cases} \Delta D < T & ture \\ else & flase \end{cases}$$

其中，T 是判别是否识别成功的阈值，如果距离小于阈值则识别成功，否则识别失败。一般来说 T 的值比较小，具体大小需要通过实验进行多次验证即可。

当路口数量较多的时候，路口场景特征库中的图像特征也很多，那么采用传统的全局顺序遍历的图像特征匹配方式显然是不可行的。随着路口数量的增多，特征库数据的增大，场景识别的实时性将越差，因此，本文提出一种稳定快速的场景识别方法。

假设路口场景特征库中的路口数量为 n，第 k 个路口的场景图片数量是 Mk，则场景识别分两种情况：一是未识别到过路口场景，二是已经识别到第 k 个路口的某一场景 f_{Mk}。第一情况是最糟糕的，因为没有参照而需要对特征库进行全局匹配，实时性差，为了改进，可以采用循环抽样匹配的方法进行场景识别。

循环抽样匹配方法的步骤如下。

步骤 1：提取当前帧图像的 SURF 特征，生成特征向量 v。

步骤 2：从每个路口中抽取第 i 个场景的特征向量组成一个小的特征库 $\Omega=\{v_{1,}^i v_2^i, v_3^i, \cdots, v_k^i\}$。

步骤 3：将当前图像特征向量 v 与 Ω 进行匹配，$dis(v,\Omega)$。

步骤 4：如果未匹配成功则将步骤 2 中的 i 变成 i+1，重复步骤 2～4，直到成功匹配为止。

循环抽样匹配方法的最大优点就是稳定，同时可以增大匹配成功的概率，适用于路口场景的初始化识别。当通过这种方法成功识别到了第 k 个路口的某一场景 f_{Mk} 时，则成了第二种情况，识别的速度就会大大提高。由于智能车在行驶过程中是有规律的，并且每个路口是按顺序编号，所以接下来的场景识别可以在已知场景的基础下进行最邻近匹配。

最邻近匹配方法的步骤如下。

步骤 1：提取当前帧图像的 SURF 特征，生成特征向量 v。

步骤 2：从第 k 个路口中第 f_{Mk}+1 个场景开始连续抽取 10 个场景的特征向量组成一个小的特征库 $\Omega=\{v_{f_{Mk}+1,} v_{f_{Mk}+2}, \cdots, v_{f_{Mk}+10}\}$。

步骤 3：将当前图像特征向量 v 与 Ω 进行匹配，$\mathrm{dis}(v,\Omega)$。

步骤 4：如果未匹配成功则将步骤 2 中的 f_{Mk}+1 变成 f_{Mk}+11，以此类推，重复步骤 2～4，直到成功匹配为止。

由于路口场景识别是为了路口粗定位，因此不需要一直进行识别，当连续 5 帧图像成功识别到同一个路口时，则可以开始高精度实时定位了，而在进行高精度实时定位时场景识别可以暂停运行等待路口定位结束后再启动。这样处理可以使得粗定位和精定位两个模块是交叉工作的，减少了计算机的运算开销，以及提供定位算法的实时性。

13.3 基于 IPM 的高精度实时定位

当路口场景识别到某个路口时，则开始基于 IPM 的高精度实时定位。从图 13-1 的算法流程图中可以看到基于 IPM 的高精度实时定位由四部分核心内容组成：一是对单目摄像机采集的路口图像进行逆透视变换得到与世界路面坐标系相一致的逆透视图像；二是在逆透视图像上进行停止线检测并计算智能车离停止线的距离；三是车道线检测，提取当前车道的左右车道线，计算智能车横向偏离距离及其航向角；四是根据纵向距离、横向距离以及航向角等结果，利用几何关系计算智能车在世界坐标系下的精确位置坐标。

13.3.1 逆透视变换（IPM）

逆透视变换（Inverse Perspective Mapping，IPM）是指将透视图像通过变换矩阵转换成逆透视图像的一个过程，如图 13-3 所示。

图 13-3 逆透视变换过程

将透视图像转换成逆透视时需要一个转换矩阵，称为单应性矩阵（Homography Matrix），习惯用 $\boldsymbol{H}$ 表示单应性矩阵，$\boldsymbol{H}$ 是一个 3×3 的矩阵。

$$\boldsymbol{H}=\begin{bmatrix} x_{11} & x_{12} & x_{13} \\ x_{21} & x_{22} & x_{23} \\ x_{31} & x_{32} & 1 \end{bmatrix}$$

假设透视图像坐标系中某个点表示为 $\boldsymbol{Q}(x,y,1)$，通过逆透视变换将点 Q 映射到逆透视图像中为点 $P(X,Y,1)$，那么可以定义矩阵

$$\tilde{\boldsymbol{Q}}=\begin{bmatrix} x & y & 1 \end{bmatrix}^T$$

$$\tilde{\boldsymbol{P}}=\begin{bmatrix} X & Y & 1 \end{bmatrix}^T$$

则有逆透视变换公式为

$$\tilde{\boldsymbol{P}} = \boldsymbol{H}\tilde{\boldsymbol{Q}}$$

即，

$$\begin{bmatrix} X \\ Y \\ 1 \end{bmatrix} = \begin{bmatrix} x_{11} & x_{12} & x_{13} \\ x_{21} & x_{22} & x_{23} \\ x_{31} & x_{32} & 1 \end{bmatrix} \cdot \begin{bmatrix} x \\ y \\ 1 \end{bmatrix}$$

根据上述公式可得 $\boldsymbol{H}$ 的求解公式为

$$\boldsymbol{H} = \begin{bmatrix} x_{11} & x_{12} & x_{13} \\ x_{21} & x_{22} & x_{23} \\ x_{31} & x_{32} & 1 \end{bmatrix} = \begin{bmatrix} X \\ Y \\ 1 \end{bmatrix} \cdot \begin{bmatrix} x \\ y \\ 1 \end{bmatrix}^{-1}$$

根据上述公式可知，$\boldsymbol{H}$ 矩阵内有 8 个未知数，求解 $\boldsymbol{H}$ 矩阵则需要 8 个坐标点，分别是 4 个世界坐标点 $P_1(X_1,Y_1)$，$P_2(X_2,Y_2)$，$P_3(X_3,Y_3)$，$P_4(X_4,Y_4)$ 和 4 个图像坐标点 $p_1(x_1,y_1)$，$p_2(x_2,y_2)$，$p_3(x_3,y_3)$，$p_4(x_4,y_4)$。这两组坐标点是相互对应的，即图像中点 p_1 与世界坐标的 P_1 一个映射关系。

1．图像坐标点的选取

一般都是先在路面放四个明显标志物（如锥形桶）构成一个矩形，测量其宽 w 和高 h，那么矩形的四个顶点在透视图像中如图 13-4 所示。

图 13-4　标志物在透视图像中的位置

通过手动的方法获取矩形四个顶点在透视图像中 p_1 p_2 p_3 p_4 的图像坐标，如图 13-5 所示。因为通过鼠标单击的方式获取的图像坐标，必然存在一定的人工操作误差，但是这种误差是可以被实际应用而接受的。

图 13-5　获取矩形四个角在图像中的图像坐标

2. 世界坐标的选取

世界坐标的选取主要是要确定世界坐标原点，一旦确定了世界坐标原点则可以根据矩形的宽 w 和高 h 计算出世界坐标系中 $P_1P_2P_3P_4$ 的坐标。如图 13-6 所示，已知矩形的宽 w 和高 h，如果知道横向偏移量 Δw 和纵向偏离量 Δh 则可以得到 $P_1(\Delta w,\Delta h)$ $P_2(\Delta w+w,\Delta h)$ $P_3(\Delta w,\Delta h+h)$ $P_4(\Delta w+w,\Delta h+h)$。

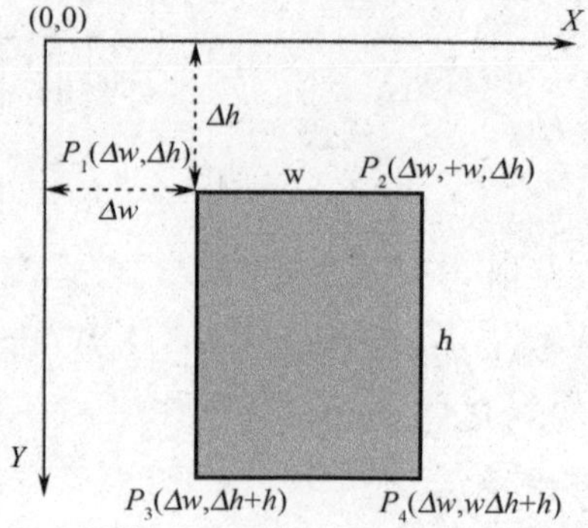

图 13-6　世界坐标系下矩形四个顶点的坐标

有的时候在郊外做实验时发现摄像机被移动过，就需要重新对摄像机进行标定，或者将摄像机位置姿态复原，所以建议对摄像机位置进行标记。如果需要重新标定的话，上述方法还是比较麻烦的，因为它需要借助很多标定工具，如锥形桶、卷尺及平行车道线的参照，但有的时候这些都没有，就需要采用一种新的标定工具：标定带，如图 13-7 所示。

图 13-7　使用标定带在室外进行逆透视标定

通过图 13-7 可以看到标定带上有黑白相间的方格，以及每个格子都有数字，这就既可以用于角点检测又可以很方便地读出长和宽，不需要锥形桶、卷尺等，可随时随地进行标定，同时其材质很轻盈，方便携带。

逆透视图像最大的特点就是还原了物体的真实世界特征，但是这个特点只针对某一个平面而言，如道路平面。逆透视图像的另一个特点就是图像呈线性关系，即图像中的每一个像素代表的实际大小都是一样的。

在如图 13-8 所示中，通过逆透视变换得到逆透视图像，图像中的导向箭头很清晰也很标准，可以很好的反映真实世界路标的本质，同时也能看出逆透视图像线性特征，车道在真实世界是平行的，逆透视图像中车道线是平行的，这就证明了逆透视图像具有良好的线性特征。

图 13-8　逆透视图像可以还原真实世界平面特征

13.3.2　停止线检测与测距

本文提出了一种新的实时鲁棒的停止线检测方法。该方法是在逆透视图像上进行检测的，先对彩色的逆透视图像进行灰度化处理，RGB 图像转灰度图像的一般公式为

$$Gray = 0.299 \times R + 0.587 \times G + 0.114 \times B$$

其中，R、G、B 分别是红色、蓝色和绿色通道的值，其范围为[0,255]。然而这种灰度化处理方法将会丢失大量颜色信息。由于地面交通标识的颜色一般是黄色（255,255,0）和白色（255,255,255），为了增强地面交通标识（车道线、斑马线、停止线、导向箭头）的特征信息，一般采用以下方法，公式为

$$Gray = 0.5 \times (R + B)$$

灰度化处理之后需要对灰度图像进行阈值处理，为了使阈值处理效果更好，采用分段阈值处理方法。首先计算灰度图像的全局平均灰度值 avg$V$，计算公式为

$$\text{avg}V=\frac{\sum_{i=0}^{i=m-1}\sum_{j=0}^{j=n-1}V(i,j)}{m\times n}$$

其中，$V(i,j)$是像素 $p(i,j)$的灰度值，图像大小为$m\times n$。

然后以同样的方法计算灰度图像感兴趣区域 ROI 的平均灰度值 avg$V$_ROI，感兴趣区域的设置是为了突出局部区域的灰度分布情况，ROI 如图 13-9 所示。

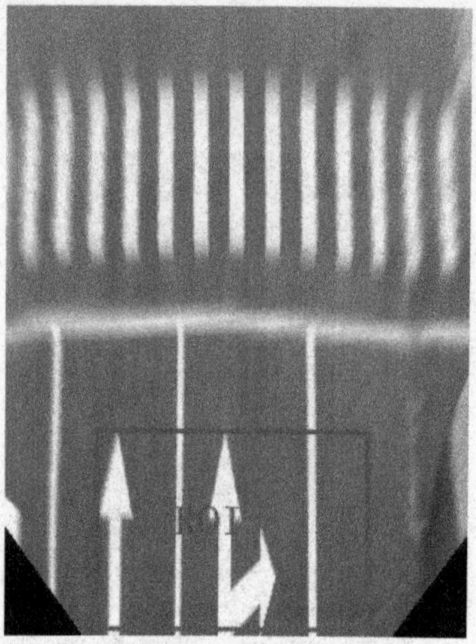

图 13-9　设置一个感兴趣区域 ROI

完成以上两步之后可以得到全局平均灰度值 avg$V$ 和局部平均灰度值 avg$V$_ROI，为了同时兼顾全局与局部的灰度特征，则有

$$\Delta T=(\text{avg}V+\text{avg}V\_\text{ROI})/2$$

其中，ΔT 为基准阈值，分段阈值 T 是在其基础上计算的，具体计算公式为

$$T=\begin{cases}1.2\times\Delta T, & \Delta T\leqslant 70\\ 1.3\times\Delta T, & \Delta T\leqslant 120\\ 1.4\times\Delta T, & \Delta T\leqslant 150\\ 1.5\times\Delta T, & else\end{cases}$$

分段阈值处理的方法可以提高阈值算法的鲁棒性，灰度化处理结果和阈值处理结果如图 13-10 所示。

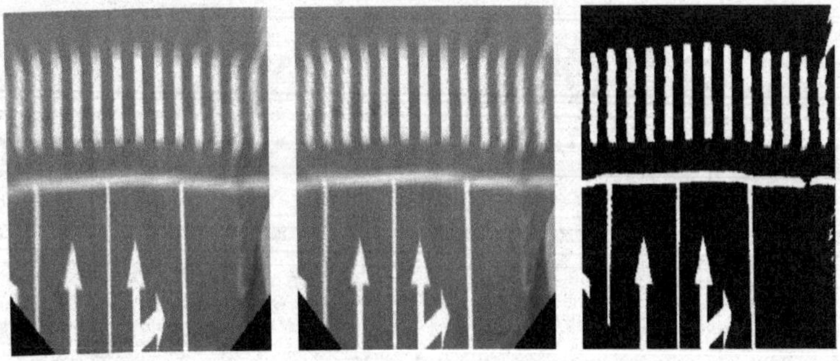

图 13-10　灰度化及分段阈值处理结果

阈值处理之后得到了二值图像，根据停止线线条的特征，采用 Hough 变换进行直线检测，并计算每条直线与水平的夹角 rho 和长度 length,由 Hough 直线变换可知直线的两个端点 $P_1(x_1, y_1)$和 $P_2(x_2, y_2)$，则水平的夹角 rho 和长度 length 的计算公式为

$$\theta = \arctan(\frac{y_2 - y_1}{x_2 - x_1}) \times 180/\pi$$

$$rho = \begin{cases} 90 & , \quad x_1 = x_2 \\ -\theta & , \quad x_1 \neq x_2 \text{且} \theta \leqslant 0 \\ 180 - \theta & , \quad x_1 \neq x_2 \text{且} \theta > 0 \end{cases}$$

$$lenght = \sqrt{(x_1 - x_2)^2 + (y_1 - y_2)^2}$$

如果一旦有满足$0 \leqslant rho \leqslant 20$或$160 \leqslant rho \leqslant 180$，$50 \leqslant length \leqslant 100$ 的直线则是停止线，然后在求该停止线的中轴中心点 $p(w/2, y)$，即该点在图像的中轴线上，设停止线直线方程为$y = kx + b$，则有

$$k = \frac{y_1 - y_2}{x_1 - x_2}$$

$$b = y_1 - kx_1$$

其中，(x_1, y_1) 和 (x_2, y_2) 是停止线的两个端点，那么中心点 p 的 y 坐标值为

$$y = (w/2 - x_1)k + y_1$$

停止线检测到之后需要进一步计算出停止线离智能车的距离 S，如图 13-11 的 S=K+D 模型示意图，由于摄像机安装在智能车内，因车体及摄像机视野等原因会造成视觉盲区，其距离 K 随着摄像机的固定而不变，可以人工测量。

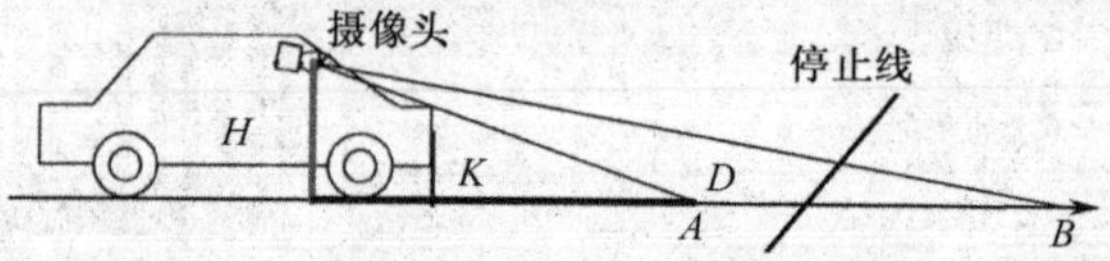

图 13-11　S=K+D 模型示意图

图 13-11 中的点 A 是摄像机画面的最低端中心点 $P_A(w/2,h)$，已知停止线中轴中心点 $p(w/2,y)$，联合以上公式则可以计算距离 d，即

$$d = h - ((w/2 - x_1)\frac{y_1 - y_2}{x_1 - x_2} + y_1)$$

其中，d 是一个像素距离，需要转换成真实的实际距离 D。根据逆透视图像的线性特征，即逆透视图像中每一像素代表实际长度 k 厘米，则

$$D = k \times d = k \times (h - (w/2 - x_1)\frac{y_1 - y_2}{x_1 - x_2} - y_1)$$

其中，D 是实际距离（cm），k 是逆透视图像的比例系数，单位是厘米每像素（cm/pix）。那么根据 S=K+D 模型可以计算出停止线与智能车实际距离 S，即

$$S = K + D = K + kd$$

13.3.3　车道线检测

车道线检测的方法比较多，一般用于智能车的车道线检测都是基于 IPM 的，因为车道线在逆透视图像中是平行的，这有利于其检测。本文采用的车道线检测方法是一种基于平行 Hough 变换的检测方法。

基于平行 Hough 变换的核心思想是将通过 Hough 直线检测的直线以角度进行分组，角度相同的直线归为一组，那么每组的直线都是平行的，如图 13-12 所示，在路口附近的车道线是相互平行的，图中特意使用矩形框作为平行参照。

车道线检测的图像预处理技术与停止线检测的一样，都是采用上述的灰度化方法，但是车道线检测不需要进行阈值处理，而是进行边缘提取。边缘提取的方法很多，如 Canny 算子边缘检测、Sobel 算子边缘检测等。但本文采用一种基于水平扫描的边缘检测方法。

假设 $f(i,j)$ 是图像 I 中像素 (i,j) 点的灰度值，则求其水平四邻域的平均灰度值 $\mathrm{avg}V_{(i,j)}$，计算公式为

$$\mathrm{avg}V_{(i,j)} = 1/5 \sum_{k=i-2}^{k=i+2} f(k,j)$$

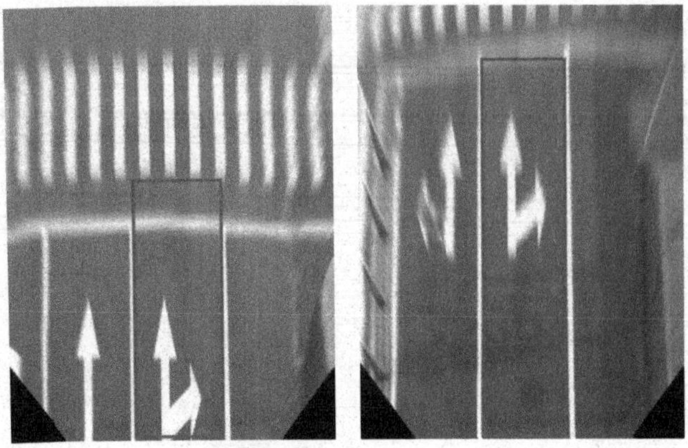

图 13-12　车道线具有相互平行的特性

根据 $\mathrm{avg}V_{(i,j)}$ 的值对边缘阈值 $\mathrm{edge}T$ 进行设置，公式为

$$\mathrm{edge}T=\begin{cases}\dfrac{1}{8}\mathrm{avg}V_{(i,j)} & , \quad \mathrm{avg}V_{(i,j)}>200\\ \dfrac{1}{4}\mathrm{avg}V_{(i,j)} & , \quad \mathrm{avg}V_{(i,j)}>100\\ \dfrac{1}{8}\mathrm{avg}V_{(i,j)} & , \quad else\end{cases}$$

然后根据边缘阈值 $\mathrm{edge}T$ 对像素点 (i,j) 是否为边缘点，文中只检测上升沿的边缘点，先计算灰度梯度 $\Delta\partial$，即

$$\Delta\partial=f(i+2,j)-f(i,j)$$

如果 $\Delta\partial>edgeT$ 则像素点 (i,j) 为边缘点，否则不是边缘点。边缘检测结果如图 13-13 所示。

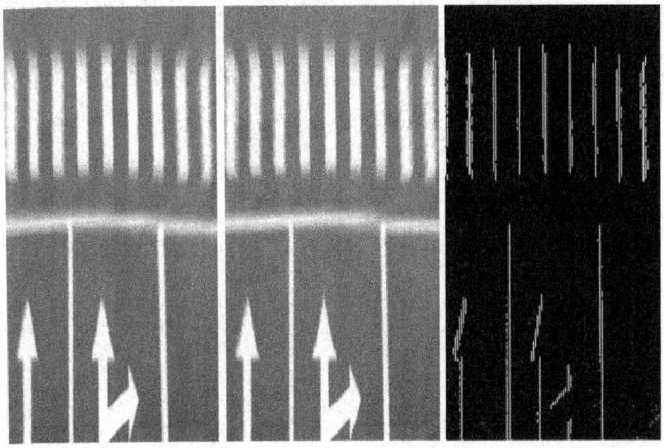

图 13-13　基于水平扫描方法的边缘检测结果

从图 13-13 的结果可以看出本文的边缘检测方法可以有效的规律水平横向，如停止线、导向箭头等干扰。边缘提取之后对边缘图像进行 Hough 直线变换检测所有的直线，计算每一条直线与水平的夹角 rho 和直线像素长度 $lenght$。然后根据角度和长度的范围过滤掉一些干扰直线，长度范围为 $lenght > h/5$，其中 h 是逆透视图像的高，其角度范围为 $45 \leqslant rho \leqslant 135$。对满足范围条件的直线按照 rho 进行分组，rho 相同的直线放在一组。然后对每一组内的直线进行垂直距离计算，假设直线 $line1$ 的两个端点坐标分别是 $p1(x_1, y_1)$ 和 $p1(x_2, y_2)$，直线 $line2$ 的两个端点坐标分别是 $p2(x_3, y_3)$ 和 $p2(x_4, y_4)$，则直线 $line1$ 和 $line2$ 的垂直距离 w 计算公式为

$$w = \frac{|(y_1 - y_3) - k(x_1 - x_3)|}{\sqrt{k^2 + 1}}$$

其中，k 为直线的斜率，有

$$k = \frac{y_1 - y_2}{x_1 - x_2} = \frac{y_3 - y_4}{x_3 - x_4}$$

公式表示的是一组平行直线的斜率，只有平行线之间才有垂直距离，这也是车道线特征之一。

假设道路的车道宽度为 W'，那么则有

$$w = n(W' \pm \overline{e}) \qquad n = 1, 2, 3$$

其中 $\overline{e}$ 是可允许误差，若满足上述公式的直线则保留，否则被过滤掉，马路边沿就是通过这一公式滤掉的。以上步骤的结果如图 13-14 所示。

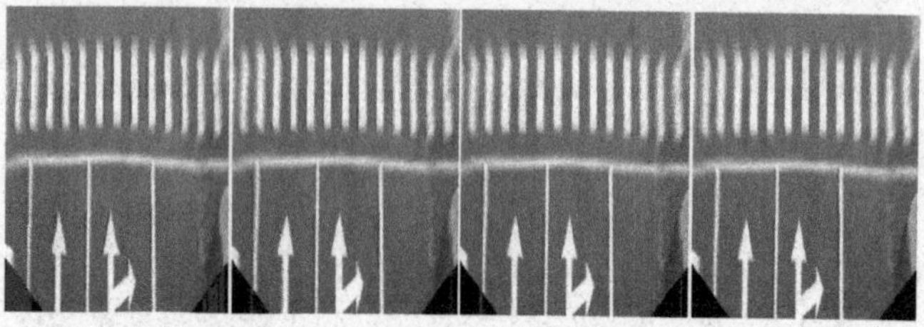

图 13-14　车道线检测关键步骤结果

车道线检测完之后需要进行航向角 θ_{lane} 计算，航向角是车辆中轴线与车道线的最小夹角，如图 13-15 所示，因此 $0 \leqslant \theta_{\text{lane}} \leqslant 90$，其计算公式为

$$\theta_{\text{lane}} = \begin{cases} rho & , rho \leqslant 90 \\ 180 - rho & , rho > 90 \end{cases}$$

如图 13-15 所示，车辆与左车道线的横向偏离距离 Δd，相对图像坐标系是横向的，假设左侧车道线与图像下边沿的交点 $P(x,h)$，则其计算公式为

$$\Delta d = k(w/2 - x)$$

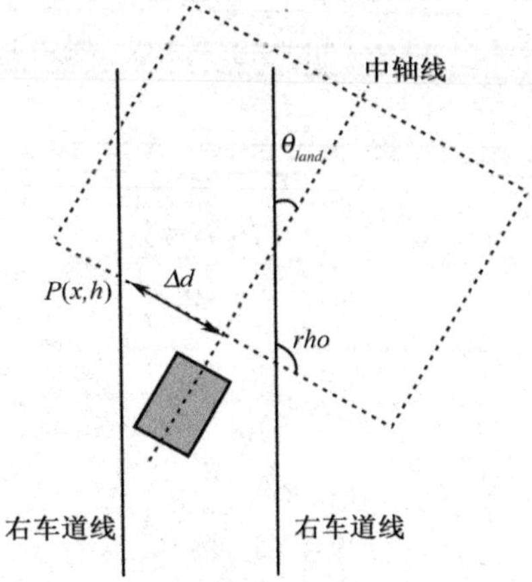

图 13-15　航向角与横向偏离距离

13.3.4　位置坐标计算

通过停止线检测与测距得到了停止线与智能车的距离为 S，以及视觉盲区距离为 K，而通过车道线检测可以计算得到航向角 θ_{lane} 以及纵向偏离距离 Δd 。

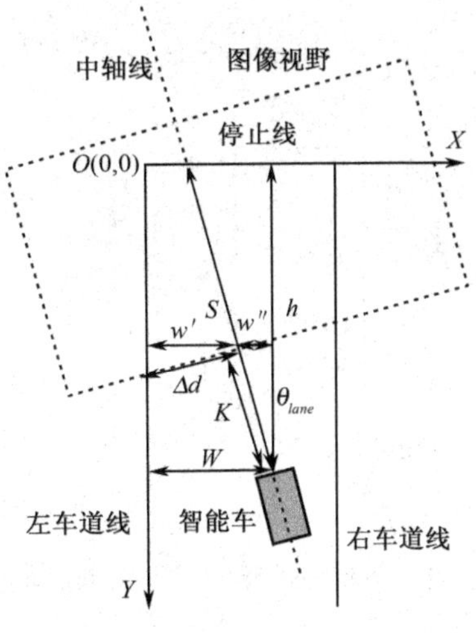

图 13-16　智能车坐标计算辅助图

从如图 13-16 所示中可知智能车的坐标是以停止线和左车道线交点为原点的世界坐标系，根据图中所示，已知智能车与停止线的中轴距离 S，视觉盲区距离 K，相对图像的横向偏离距离 Δd，以及航向角 θ_{lane}，则可以计算智能车的位置坐标 (w,h)，其中 w 的计算公式为

$$w = w' + w''$$
$$w' = \Delta d \times \cos\theta_{lane}$$
$$w'' = K \times \sin\theta_{\text{lane}}$$

联合以上公式可得

$$w = \Delta d \times \cos\theta_{\text{lane}} + K \times \sin\theta_{\text{lane}}$$

已知 S 和 θ_{lane} 可求 h，即

$$h = S \times \cos\theta_{\text{lane}}$$

根据以上公式可知智能车的位置坐标为 $(\Delta d \cdot \cos\theta_{\text{lane}} + K \cdot \sin\theta_{\text{lane}}, S \cdot \cos\theta_{\text{lane}})$。显然，当航向角 $\theta_{\text{lane}} = 0$ 时，智能车中轴线与车道线平行，其坐标为 $(\Delta d, S)$。

上述讨论的是停止线与车道线垂直的情况，但在真实道路中会出现停止线倾斜的情况，为了减小纵向误差，就需要改进智能车位置坐标计算公式，将停止线与水平的夹角 θ 考虑进去，如图 13-17 所示。

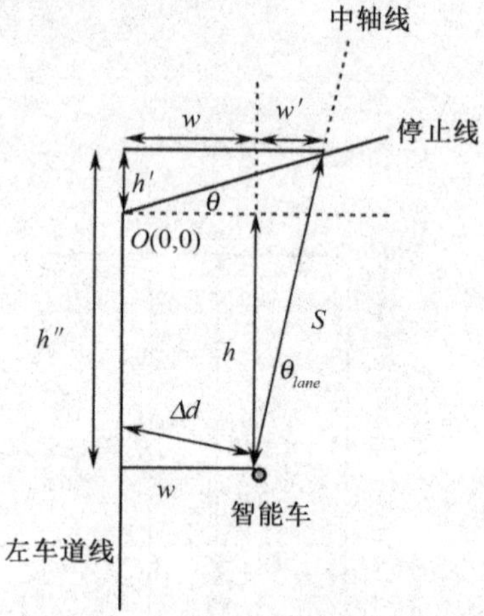

图 13-17　停止线倾斜的坐标计算辅助图

从图 13-17 可知由于停止线的倾斜造成多了 h' 的纵向距离，从图中易得

$$h' = (w + w') \times \tan\theta$$
$$w' = S \times \sin\theta_{\text{lane}}$$

由上述公式可知 $w = \Delta d \times \cos\theta_{\text{lane}} + K \times \sin\theta_{\text{lane}}$，则有

$$h' = (\Delta d \cdot \cos\theta_{\text{lane}} + K \cdot \sin\theta_{\text{lane}} + S \cdot \sin\theta_{\text{lane}}) \cdot \tan\theta$$

那么纵向坐标 h 的计算公式为

$$h = h'' - h' = S \cdot \cos\theta_{\text{lane}} - h'$$

参考文献

[1] Rafael C. Gonzalez，等. 数字图像处理（MATLAB 版）[M]. 阮秋琦，等译. 北京：电子工业出版社，2012.

[2] E. R. Davies. 计算机与机器视觉理论、算法与实践[M]. 北京：机械工业出版社，2013.

[3] 杨帆. 无人驾驶汽车的发展现状和展望[J]. 上海汽车，2014(03) :35-40.

[4] 潘建亮. 无人驾驶汽车社会效益与影响分析[J]. 汽车工业研究，2014(05):22-24.

[5] 郑永荣，袁家政，刘宏哲. 一种基于 IPM-DVS 的车道线检测算法[J]. 北京联合大学学报（自然科学版），2015(02):41-46.

[6] 彭红，肖进胜，程显，等. 基于扩展卡尔曼滤波器的车道线检测算法[J]. 光电子·激光，2015,26(03):566-574.

[7] Pei-Chen Wu, Chin-Yu Chang, Chang Hong Lin. Lane-mark extraction for automobiles under complex conditions[J].Pattern Recognition, 2014,47(8):2756–2767.

[8] 谢锦，蔡自兴，李昭，等. 基于方向边缘匹配的人行横道与停止线检测[J]. 计算机工程, 2013,39(06) :261-265.

[9] 王棚飞，刘宏哲，袁家政，陈丽. 一种基于图像匹配的地面交通标志实时识别方法[J]. 计算机科学, 2014(06) :317-323.

[10] 周宣汝，袁家政，刘宏哲，杨睿. 基于 HOG 特征的交通信号灯实时识别算法研究[J]. 计算机科学，2014(07) :313-317.

[11] 王洋. 一种基于模板匹配的交通标志识别方法[D]. 吉林大学，2013.

[12] 卢维. 高精度实时视觉定位的关键技术研究[D]. 浙江大学，2015.

[13] 祝天健. 基于图的无人驾驶车即时定位与地图构建[D]. 大连理工大学，2013.

[14] Marcus A. Brubaker, Andreas Geiger, Raquel Urtasun, Lost! Leveraging the Crowd for Probabilistic Visual Self-Localization[C],2013 IEEE Conference on Computer Vision and Pattern Recognition (CVPR), 2013:3057-3064.

[15] 江燕华，熊光明，姜岩，等. 智能车辆视觉里程计算法研究进展[J]. 兵工学报， 2012,33(02):214-220.

[16] 梁昆，杨明，王春香，等. 基于低精度 GPS 的智能车视觉导航方法[J]. 上海交通大学学报， 2011，45(02)：168-172.

[17] Herbert Bay, Tinne Tuytelaars, Luc Van Gool. SURF: Speeded Up Robust Features [C].9th European Conference on Computer Vision(ECCV),2006: 404-417.

[18] 申龙斌，李臻，魏志强，等. 一种改进的图像场景识别算法[J]. 中国海洋大学学报（自然科学版），2015,45(04):116-121.

[19] 周莉，胡德文，周宗潭. 综合结构和纹理特征的场景识别[J]. 中国科学：信息科学，2012,42(06) :687-702.